Transtorno de estresse pós-traumático em vítimas de seqüestro

Dados Internacionais de Catalogação na Publicação (CIP)
(Câmara Brasileira do Livro, SP, Brasil)

Ferreira-Santos, Eduardo
Transtorno de estresse pós-traumático em vítimas de seqüestro/
Eduardo Ferreira-Santos. São Paulo: Summus, 2007.

Bibliografia.
ISBN 978-85-323-0403-2

1. Estresse pós-traumático - Transtornos 2. Neurobiologia
3. Psicoterapia 4. Seqüestro 5. Vítimas de crimes I. Título.

07-6933 CDD-155.916

Índice para catálogo sistemático:

1. Vítimas de seqüestro: Estresse pós-traumático: Transtornos: Aspectos psicológicos 155.916

Compre em lugar de fotocopiar.
Cada real que você dá por um livro recompensa seus autores
e os convida a produzir mais sobre o tema;
incentiva seus editores a encomendar, traduzir e publicar
outras obras sobre o assunto;
e paga aos livreiros por estocar e levar até você livros
para a sua informação e o seu entretenimento.
Cada real que você dá pela fotocópia não autorizada de um livro
financia o crime
e ajuda a matar a produção intelectual de seu país.

EDUARDO FERREIRA-SANTOS

Transtorno de estresse pós-traumático em vítimas de seqüestro

summus
editorial

TRANSTORNO DE ESTRESSE PÓS-TRAUMÁTICO EM VÍTIMAS DE SEQÜESTRO
Copyright © 2007 by Eduardo Ferreira-Santos
Direitos desta edição reservados por Summus Editorial

Editora executiva: **Soraia Bini Cury**
Assistentes editoriais: **Bibiana Leme e Martha Lopes**
Capa: **Alberto Mateus**
Projeto gráfico e diagramação: **Crayon Editorial**
Impressão: **Sumago Gráfica Editorial Ltda.**

Summus Editorial
Departamento editorial:
Rua Itapicuru, 613 – 7º andar
05006-000 – São Paulo – SP
Fone: (11) 3872-3322
Fax: (11) 3872-7476
http://www.summus.com.br
e-mail: summus@summus.com.br

Atendimento ao consumidor:
Summus Editorial
Fone: (11) 3865-9890

Vendas por atacado:
Fone: (11) 3873-8638
Fax: (11) 3873-7085
e-mail: vendas@summus.com.br

Impresso no Brasil

Aos meus filhos
Flávia Maria e Guilherme Eduardo,
porque em seus olhinhos brilhantes
e amor carinhoso encontro energia
e esperança para enfrentar as
vicissitudes da vida.

Agradecimentos

Ao meu sogro e amigo, professor doutor Munir Ebaid, exemplo de dedicação, eficiência e ética no desempenho de seu papel de médico e ser humano, que soube e ainda sabe demonstrar como ninguém o verdadeiro sentido de mestre que orienta, incentiva e apóia todos aqueles que se debruçam sobre a nobre arte da medicina e sabem preservar a ética de viver.

Ao professor doutor Sergio Paulo Rigonatti, que me fez acreditar, desde o início, que esta idéia pioneira teria todas as chances de se concretizar e não hesitou, em nenhum momento, a apoiar e demonstrar, com seu próprio exemplo, que é possível enfrentar e superar dificuldades e obstáculos para se atingir uma meta proposta.

Agradeço, de coração, a todos os membros do Gorip (Grupo Operativo de Resgate da Integridade Psíquica do Serviço de Psicoterapia do Instituto de Psiquiatria do HC-FMUSP), aos quais dedico esta obra, pelo apoio constante e o estímulo sempre renovado na realização voluntária deste trabalho: Cristiane Galhanone, Cristina Fiorini, Edna Vitorino do Nascimento e Silva, Fátima Cristina Ferreira Doca, Irene Erlinger Calabrez, Kátia Camargo Ferreira Silva, Maria Cristina de Faria Fernandes, Maria Emília Marinho de Camargo, Marisa Fortes, Miriam Simione Menezes, Sivoneide Alencar Cunha, Priscilla Couto Pollo, Rogério Domingues de Oliveira e, especialmente, à grande impulsionadora de todo este projeto, Maria Cristina Elias de Assis Santos.

À minha mulher, Cynthia Ebaid Ferreira-Santos, psicóloga por formação e artista plástica por vocação que, mesmo aflita com a preparação de seu terceiro livro de arte, soube compreender as inúmeras horas que passei mergulhado no computador e os terríveis momentos de mau humor quando as coisas não davam certo.

A todos aqueles que colaboraram direta ou indiretamente na elaboração e finalização desta obra – principalmente nossos pacientes do Gorip.

De tudo ficaram três coisas:
a certeza de que ele estava sempre começando,
a certeza de que era preciso continuar
e a certeza de que seria interrompido antes de terminar.
Fazer da interrupção um caminho novo.
Fazer da queda um passo de dança,
do medo uma escada, do sono uma ponte,
da procura um encontro.

Fernando Sabino

Sumário

Introdução 13

1. Panorama do seqüestro 17
No mundo 17
No Brasil 21

2. Transtorno de estresse pós-traumático em vítimas de seqüestro (TEPT) 69
Aspectos históricos e conceituais 69
Aspectos neurobiológicos 91
Aspectos psicodinâmicos 95
Aspectos sociais 100

3. Pesquisa realizada na FMUSP 105
A pesquisa 105
Conseqüências do seqüestro 113
O medo do seqüestro 114
A família do seqüestrado 123
Considerações importantes 125

4. Proposta de tratamento do transtorno de estresse pós-traumático 129
Tratamento farmacológico do TEPT 140
Tratamento psicoterapêutico do TEPT 142
Tratamento social do TEPT 144

Referências bibliográficas 147

Introdução

Nossa sociedade vive um momento bastante particular, no qual imperam a violência urbana e o terror inspirado por ela nos cidadãos, obrigados a viver constantemente expostos a situações de extremo perigo e risco de morte. A essa situação, ocasionada por questões de ordem política, psicológica e social, alguns analistas sociais chamam "clima de guerra urbana" (Philippi, Felipe, 1998; Coimbra, 1999; Cardia, 2001; Hamblen, Coguen, 2002; Weiselfisz, 2002; Mir, 2004).

O seqüestro é uma dentre as várias modalidades de agressão a que está exposta a população dos centros urbanos (principalmente as grandes metrópoles, mas também as regiões mais afastadas, como cidades interioranas, vilarejos etc.). Embora não seja uma modalidade inédita de delito, o seqüestro com o fim exclusivo de extorquir dinheiro (principalmente) ou bens materiais das vítimas tem tomado proporções cada vez maiores. Esse aumento não foi apenas quantitativo; também a crueldade das práticas se intensificou – com agressão física pessoal violenta (ataque e/ou ameaça de ataque sexual, ameaça à mão armada, tortura física e psicológica), além de toda uma sorte de horrores indescritíveis.

Se por um lado o seqüestro registra um índice relativamente inferior de ocorrências quando comparado a outros delitos, por outro o grau de dano moral, psicológico e financeiro que causa à vítima, à sua família e às pessoas próximas revela, *a priori*, sua magnitude na origem de transtornos psíquicos imediatos ou tardios. É considerado (pelas próprias vítimas) um dos fatores de primeira grandeza na origem desses transtornos, que podem chegar a caracterizar o diagnóstico de transtorno de estresse póstraumático (TEPT), conforme definido pelo *Manual diagnóstico e estatístico dos transtornos mentais – DSM-IV*, publicado pela American Psychiatric Association (APA).

Para o acolhimento e tratamento de pessoas que passaram a sofrer tal transtorno após serem vítimas de seqüestro (relâmpago ou com cativeiro), foi criado, no Serviço de Psicoterapia do Instituto de Psiquiatria do Hospital das Clínicas da Faculdade de Medicina da Universidade de São Paulo (IPQ-HC-FMUSP), por uma equipe especializada, o Grupo Operativo de Resgate da Integridade Psíquica (Gorip), coordenado por mim.

A constatação de que pouca ou nenhuma atenção é oferecida à vítima de um seqüestro em comparação com a "proteção" dada por organizações de direitos humanos a seqüestradores e demais delinqüentes foi o que me levou a trabalhar o tema do TEPT, em primeiro lugar. Tal fato, amplamente divulgado pela imprensa, veio a ser confirmado nas declarações prestadas pelas pessoas que participaram do estudo que deu origem a esta obra, tanto nas entrevistas e escalas de avaliação quanto durante as sessões de psicoterapia a que foram submetidas no Serviço de Psicoterapia do Instituto de Psiquiatria do HC-FMUSP, com o intuito de lhes fornecer apoio para a resolução do arrebatador quadro psíquico apresentado após a experiência.

Em segundo lugar, pode-se perceber que esse tipo de crime, até então restrito às populações mais abastadas da sociedade, está, agora, atingindo pessoas de baixo poder aquisitivo. A declaração de todas as vítimas – ricas ou pobres – é igual: "Ninguém é mais a mesma pessoa depois de passar por uma experiência desse tipo".

Há ainda a assinalar a escassa bibliografia científica a respeito do tema, sendo que a existente se refere muito mais ao agente agressor (seqüestrador) e à sua "vitimização social" do que ao agredido e sua família (que, por ocasião do seqüestro de um de seus membros, passa a viver a chamada "morte em suspenso"). Para a vítima, resta apenas tentar aprender noções básicas, dadas por policiais, para evitar o seqüestro e suas conseqüências.

Os dados colhidos e a metodologia aplicada na pesquisa que originou este livro podem demonstrar o tamanho do dano psíquico causado à vítima. Isso permitirá aos juristas se valerem de mais informações para compreender esse aspecto em sua maior amplitude social, na avaliação dos criminosos e na aplicação de penas a eles impostas.

1. Panorama do seqüestro

NO MUNDO

A Antigüidade, com seu clima de belicismo, suas múltiplas guerras e a escravização de povos derrotados, representa um barbarismo que não cabe dentro de nosso conceito atual de cultura – ou, pelo menos, não deveria caber. Na Antigüidade, o seqüestro era uma forma normal de submetimento ou comércio de pessoas, pois a superioridade era conferida pelas artes bélicas e quem vencia tinha o direito de tomar para si não só o território conquistado como também as pessoas derrotadas. Por conta das inúmeras guerras entre os povos, tornou-se um hábito comercializar as pessoas caídas em cativeiro, nascendo, assim, o conceito de escravidão.

Ao longo dos séculos XVI e XVII, eram muito freqüentes os seqüestros de cristãos por piratas mouros ou maometanos, no Mediterrâneo, visando a um resgate financeiro. Como curiosidade, cabe citar que o grande Miguel de Cervantes Saavedra, autor do memorável *Dom Quixote de La Mancha*, esteve cativo durante muito tempo, ao ser tomado como prisioneiro na Batalha de Lepanto. Na Inglaterra do século XVIII apareceram famosas "gangues" de seqüestradores que operavam a favor do Exército e da Marinha, obrigando os homens a se alistar nas fileiras dos regimentos britânicos. A história relata, ainda, inúmeros casos gerais e particulares desse tipo de delito, sempre concedendo atenção especial à grande repercussão que causava nas pessoas e povos envolvidos.

Em 1932, nos Estados Unidos, o seqüestro do filho de Charles August Lindbergh, o primeiro piloto a atravessar o Atlântico sem escalas, atingiu grande repercussão. O seqüestrador retirou a criança, Charles Lindbergh Jr., de apenas 1 ano e 8 meses de idade, do próprio berço e exigiu um resgate de cinqüenta mil dólares, além de dar à família ordem expressa para que não comunicasse o ocorrido à polícia. De alguma forma, o caso "vazou" para a imprensa e foi manchete dos principais jornais e revistas norte-americanos, o que fez o seqüestrador elevar o resgate para setenta mil dólares e adiar o negócio. Dois meses após o início das negociações – que tiveram até o mafioso Al Capone, detido em Atlanta, como mediador –, o corpo do menino foi encontrado, por acaso, num bosque próximo à residência dos Lindbergh. O seqüestro que era, até então, um dos crimes mais raros nos Estados Unidos tornou-se um dos delitos mais freqüentes, levando à adoção de uma "lei de urgência", denominada Lindbergh Kidnap Law [Lei de Seqüestro Lindbergh], que atribuía ao FBI todas as investigações sobre casos de seqüestros. Em 1934, foi encontrado e identificado o seqüestrador do garoto: o carpinteiro Bruno Richard Hauptmann, que foi julgado e condenado à morte, sendo executado na cadeira elétrica em 1936. Segundo Markuz (2004), o seqüestro envolvendo os Lindbergh foi o precursor de uma longa escalada de crimes desse gênero no mundo.

Mais tarde, Havana, capital de Cuba, apareceu como um novo pólo da chamada "indústria do seqüestro", quando, em 23 de fevereiro de 1958, o argentino Juan Manuel Fangio, então quatro vezes campeão mundial de automobilismo, foi seqüestrado por um grupo liderado por Faustino Perez, a mando do comando revolucionário de Sierra Maestra. A América Latina, logo após o triunfo da revolução cubana, viu surgir uma série de seqüestros de cunho especificamente político, ganhando o Brasil grande notoriedade com o seqüestro de embaixadores estrangeiros para exigir, como resgate, a libertação de prisioneiros políticos do regime militar instalado em 1964.

Brasil, Chile, Argentina, Uruguai, Guatemala, Equador, Nicarágua, Colômbia e vários outros países latino-americanos que passaram anos sob ditaduras militares apresentaram diversos episódios dessa natureza. Mas não estavam sozinhos: na Europa e nos Estados Unidos também ocorreram episódios espetaculares.

Dado o grande número de crimes dessa natureza, a Itália foi considerada a "meca do seqüestro", com numerosos casos, muitos com finais bastante dolorosos – incluindo a morte do seqüestrado, mesmo com o pagamento das quantias exigidas pelos seqüestradores. A situação atingiu o auge nos anos 1980, quando, por meio de várias atitudes (entre elas o bloqueio de bens de familiares de seqüestrados) e da chamada "Operação Mãos Limpas", diversas camadas da sociedade foram investigadas e punidas pelo Poder Público, diminuindo, em muito, a criminalidade e a corrupção.

Também merece destaque o seqüestro de aviões, empregado pela primeira vez em 1930 no Peru, repetido em 1947 na Romênia e em 1950 na então Tchecoslováquia. As capturas ilícitas de aviões multiplicaram-se pelo mundo de modo avassalador: de 1930 a 1967 foram praticados um total de 65 seqüestros e somente em 1970 foram seqüestradas 83 aeronaves, com crescente violência. Foram tantos acontecimentos que os juristas internacionais até criaram o neologismo "aerocrime" para qualificá-los, elegendo a competência do foro de aterrissagem para o julgamento desses crimes e determinando a posterior extradição de estrangeiros envolvidos. O caso mais impressionante, porém, é o atentado terrorista de 11 de setembro de 2001, em Nova York, quando aviões seqüestrados por militantes da Organização Al-Qaeda, comandada pelo saudita Osama Bin Laden, foram lançados sobre as torres gêmeas do World Trade Center, causando o número oficial de 2.823 mortos, centenas de feridos e um trauma que o mundo – e os norte-americanos, em particular – jamais conseguirá esquecer.

Atenção particular merece o seqüestro de Patricia Hearst, neta do multimilionário rei da imprensa norte-americana William Randolph Hearst. Em 4 de fevereiro de 1974, em Berkeley (Califórnia), um grupo terrorista autodenominado Exército Simbionês de Libertação (Symbionese Liberation Army – SLA) assumiu a autoria do delito e quatro dias depois enviou uma carta com reivindicações e exigências. Os seqüestradores acusavam a família Hearst de haver acumulado sua riqueza roubando o povo norte-americano e exigiam que o resgate fosse o pagamento de setenta dólares em alimentos a cada pobre da Califórnia durante as quatro semanas seguintes. O valor estimado da exigência foi calculado, na época, em 133 milhões de dólares.

Em 3 de abril, após 58 dias de seqüestro, uma emissora de televisão recebeu uma fita gravada em que Patricia afirmava que estava livre, mas, voluntariamente, havia se unido ao Exército Simbionês. Uma imagem sua portando uma ameaçadora metralhadora em um assalto a banco em São Francisco, doze dias depois, mostra ao mundo a revoltada menina rica atuando como verdadeira "revolucionária". A seqüência de delitos em que ela se envolveu continuaria até sua captura, em 18 de setembro de 1975. Após oito semanas, o júri considerou Patricia culpada, mas em fevereiro de 1979 o presidente Jimmy Carter decretou seu indulto (reforçado pelo presidente Bill Clinton em 2001). Foram cinco anos de pesadelo para a família Hearst.

Esse episódio caracteriza um fenômeno psicológico particular chamado síndrome de Estocolmo. A síndrome de Estocolmo é um estado psicológico no qual vítimas de seqüestro, ou pessoas detidas contra sua vontade, desenvolvem um relacionamento com seu(s) captor(es). Essa solidariedade pode algumas vezes se tornar uma verdadeira cumplicidade, com os presos chegando a ajudar os captores a alcançar seus objetivos ou fugir da polícia. A síndrome de Estocolmo foi assim batizada devido a um assalto a banco na cidade de Estocolmo, em 1973, no qual as vítimas passaram a defender seus captores.

Nos dias de hoje, merece destaque nos noticiários a seqüência de crimes de seqüestro de jornalistas e funcionários de empresas estrangeiras ocorridos no Oriente Médio, principalmente no Iraque. Não há dúvida, porém, de que esses crimes têm caráter exclusivamente político e revelam a enorme instabilidade e o conflito armado que vive a região. Contudo, ao lado da crueldade explícita e da transmissão "ao vivo" de torturas e assassinatos de seqüestrados no Iraque, esses fatos não são novidade no Oriente Médio.

NO BRASIL

No Brasil, o primeiro seqüestro de que se tem notícia remonta ao século XVIII, mais exatamente ao dia 21 de setembro de 1711, quando uma expedição francesa comandada pelo corsário René Duguay-Trouin tomou o Rio de Janeiro, depois de nove dias de sítio à cidade. Quando os franceses partiram, em novembro, levaram consigo uma fortuna: 600 quilos de ouro, 610 mil cruzados, 100 caixas de açúcar, 200 bois, escravos e dezenas de outros itens. A expedição, em parte financiada com dinheiro oficial francês, havia rendido quase 100% de lucro. Assim terminou o primeiro seqüestro do Rio de Janeiro.

Segundo Markuz (2004), o primeiro seqüestro com extorsão no Brasil foi o de Eduardo Andréa Maria Matarazzo, na década de 1950, em São Paulo. Filho de Francisco Matarazzo Filho e herdeiro de um grande império econômico, Eduardo Matarazzo foi mantido cativo em uma casa no bairro de Indianópolis. O resgate exigido era equivalente a 168 mil dólares, mas o seqüestrado conseguiu libertar-se antes do pagamento e levou à prisão os italianos Mário Comelli e Alessandro Malavasi.

No Brasil, no período do regime militar (1964-1985), particularmente chamado de "anos de chumbo", o intenso movimento militar contra-revolucionário não se compara, em crueldade e número de vítimas, com o mesmo período de dominação militar em outros países da América Latina. Um episódio marcante desse período foi a prisão de cerca de mil estudantes, entre eles Vladimir Palmeira, em um sítio em Ibiúna, interior de São Paulo, onde se realizava o XXX Congresso da UNE (União Nacional dos Estudantes), proibido pelas forças no poder. Após várias discussões sobre o assunto, um militante da Frente das Camadas Médias, Zé Roberto, sugeriu que o seqüestro do embaixador americano e sua "troca" por Vladimir Palmeira e outros prisioneiros políticos seria a ação que faltava para dar impulso à luta do povo contra a ditadura.

Foi assim que militantes da FTA (Frente de Trabalho Armado), aliados a alguns integrantes da ALN (Aliança Libertadora Nacional), liderada por Carlos Marighella, e a um ou outro integrante do já quase extinto MR-8 (Movimento Revolucionário 8 de Outubro) e de outras "organizações" de menor importância, começaram a planejar o seqüestro do embaixador dos Estados Unidos da América no Brasil, Charles Burke Elbrick. O seqüestro foi consumado exatamente na Semana da Pátria, em 4 de setembro de 1969, para obter um imenso impacto publicitário.

O seqüestro também foi o meio utilizado, no início da década de 1970, para libertar mais 110 prisioneiros políticos, estes "trocados" pelo cônsul do Japão em São Paulo, Nobuo Okuchi, e pelos embaixadores da Alemanha, Ehrenfried von Holleben, e da Suíça, Giovanni Bücher (Sirkis, 1998). Por outro lado, grupos militares e paramilitares aliados ao Regime Militar cometeram também uma série de assassinatos e atentados, incluindo o último seqüestro político de que se tem notícia no Brasil: o do bispo de Nova Iguaçu, dom Adriano Hipólito, em 22 de setembro de 1976. Este certamente foi o primeiro "sequestro relâmpago" de que se tem notícia, pois o bispo foi seqüestrado à noite, quando saía da arquidiocese, e reapareceu no dia seguinte, totalmente nu e pintado com tinta vermelha, amarrado a um poste em Jacarepaguá.

Com o fim do seqüestro do embaixador da Suíça e a retirada dos chamados "grupos terroristas" do cenário nacional, terminou o que historicamente se convencionou chamar "a primeira fase dos seqüestros no Brasil". Na década de 1980, influenciada e/ou comandada por ex-guerrilheiros políticos do Cone Sul (Argentina, Uruguai e principalmente Chile) refugiados no Brasil, começou a fase dos seqüestros de grandes banqueiros e empresários, em que elevadas quantias foram obtidas como resgate. Fazem parte dessa fase o seqüestro, em 1983, do banqueiro Antonio Beltran Martinez (vice-presidente do Bradesco – quatro milhões de dólares pagos de resgate após 41 dias de cativeiro), e dos publicitários Luís Salles (presidente da Salles/Interamericana de Publicidade – 2,5 milhões de dólares de resgate após 65 dias de cativeiro) e Geraldo Alonso Filho (dono da Norton do Brasil – três milhões de dólares pagos de resgate após 36 dias de cativeiro), ambos em 1989. Em dezembro de 1989, o empresário Abilio Diniz é seqüestrado por indivíduos que integravam o Movimento de Izquierda Revolucionária (MIR), do Chile, e as Frentes Populares de Libertação (FPLS), de El Salvador. Não foi possível determinar se o dinheiro arrecadado com esses seqüestros visava mesmo a financiar a guerrilha na América Latina ou se era mera extorsão.

No dia 11 de dezembro de 2001, treze anos depois do caso Diniz, a história se repete com o seqüestro do publicitário Washington Olivetto por outro grupo político de esquerda, a Frente Patriótica Manuel Rodriguez (FPMR), antigo braço armado do Partido Comunista do Chile, que o manteve 53 dias trancado em um cubículo de 3 x 1 metros no bairro do Brooklin, em São Paulo, exigindo 18,5 milhões de dólares como resgate (Morais, 2005). O desfecho do seqüestro de Washington Olivetto jogou um facho de luz num suposto segredo que setores da polícia vinham mantendo havia mais de uma década: o Brasil abriga uma rede clandestina de apoio às organizações guerrilheiras internacionais que se utilizam de seqüestros, assalto a bancos e tráfico de drogas como meio de sobrevivência. A estrutura do grupo está centralizada atualmente em Buenos Aires, na Argentina, mas ramifica-se em vários estados brasileiros, como Rio Grande do Sul, Rio de Janeiro e São Paulo. O objetivo dessas organizações no Brasil é o seqüestro, e seu alvo são personalidades que possam render alguns milhões de dólares por operação. Os executores das ações são ativistas de esquerda recrutados na América Latina e na Europa. Segundo Quadros (2002):

> Um organograma em poder das polícias estadual e federal demonstra que as organizações se alimentaram de informações repassadas por ativistas infiltrados em entidades não-governamentais estrangeiras com sede no Brasil para realizar seqüestros. Junto com uma lista de 12 entidades chilenas, estão cerca de 60 nomes, entre estrangeiros e brasileiros, que teriam algum vínculo com os grupos que agiram nos seqüestros do banqueiro Antônio Beltran Martinez (1986), do publicitário Luís Sales (1989), do empresário Abilio Diniz (1989), do publicitário Geraldo Alonso (1993), do banqueiro Ezequiel Nasser (1995) e, por fim, de Washington Olivetto (2001).

Comenta-se que os seqüestros brasileiros tenham origem na "contaminação" de criminosos comuns por prisioneiros políticos do Regime Militar, mantidos cativos nas mesmas celas. No entanto, segundo dados da Polícia Civil do Estado de São Paulo, a onda de seqüestros com fins meramente extorsivos no Brasil começou no final dos anos 1970, quando o argentino Alberto Galvanise, membro do grupo armado Montoneros e responsável por diversos seqüestros e assassinatos na Argentina, foge da Argentina para o Brasil, com alguns companheiros, devido à severa e violenta repressão sofrida naquele país. Nos anos 1980, Galvanise, aliando-se a alguns argentinos e brasileiros, torna-se um criminoso comum, cometendo uma série de seqüestros. Em 1983, Galvanise é condenado a 25 anos de prisão. Em um presídio no Paraná, conhece Pedro Ciechanovicz e Altair Rocha da Silva, o "Pica-Pau", e ensina a eles técnicas de seqüestro aprendidas na Argentina. Ao grupo juntam-se Célio Marcelo da Silva, o

"Bin Laden", e André Luiz Ramos, o "Barba". Juntos, realizam uma série de seqüestros, inclusive o do empresário Girz Aronson, que permanece dezessete dias no cativeiro.

Célio, o "Bin Laden", com uma extensa ficha criminal que inclui seqüestros e assassinatos, é preso no Complexo Carandiru, de onde foge por um túnel (o caso ficou conhecido porque o túnel desabou, matando oito fugitivos). Une-se a André Luiz Ramos, o "Barba", que, por ser portador de HIV, fora libertado por indulto humanitário. (Ambos são considerados bandidos de alta periculosidade e já foram recapturados pela polícia, sendo mantidos em presídios de segurança máxima.) Em 2004, ambos lideram uma quadrilha que ficou mundialmente conhecida por seqüestrar mães de jogadores de futebol. Dona Marina, mãe do jogador Robinho, foi a primeira a ser seqüestrada, sendo libertada mediante pagamento de resgate. Em 41 dias de cativeiro, sofreu grandes humilhações e verdadeira tortura. É fato conhecido que esse episódio precipitou a ida de Robinho para a Espanha, levando a mãe consigo. O bando também foi responsável pelo seqüestro de outras mães de jogadores: dona Ilma, mãe de Grafite, libertada pela polícia; dona Sandra, mãe de Luiz Fabiano, que ficou 63 dias no cativeiro; dona Inês, mãe de Rogério; e dona Alice, mãe de Marinho, libertada mediante pagamento de resgate após 25 dias em cativeiro.

Devido a esses fatos, que receberam grande destaque da imprensa estrangeira, a equipe do Gorip foi convidada a dar depoimentos para a BBC, de Londres, a TV-1, da França, e a Al Jazeera, do Qatar. Essas emissoras incluíram os depoimentos em programas especiais sobre o seqüestro e a onda de violência pública no Brasil.

Dentro deste perfil de seqüestro, cabe citar Edevair Faria, pai do jogador Romário, que foi seqüestrado em 1994 e permaneceu seis dias em cativeiro. O resgate exigido, de sete milhões de reais, não foi pago devido ao "estouro do cativeiro" pela polícia.

Em 2001, ganhou grande notoriedade e destaque na imprensa o seqüestro de Patrícia Abravanel, filha de Silvio Santos, e o seqüestro domiciliar do próprio Silvio Santos, durante cerca de sete horas, enquanto se negociava o destino de seu seqüestrador, Fernando Dutra Pinto, que morreu na prisão em circunstâncias no mínimo suspeitas, segundo Awad (2002). Faz parte dessa "galeria de famosos" seqüestrados Wellington Camargo, irmão dos cantores sertanejos Zezé Di Camargo e Luciano, que foi seqüestrado no final de 1998, em Goiânia, permaneceu três meses em cativeiro e teve parte de sua orelha decepada e mandada para a família, como prova de que ainda estava vivo. A família pagou trezentos mil dólares e o rapaz foi libertado. Em seguida, todos os seqüestradores foram presos, e o envolvimento de familiares na quadrilha foi descoberto.

Para encerrar essa pequena amostra do "show de horrores" que cerca o delito de seqüestro, cito o caso de um empresário carioca que, anos depois de sofrer dois seqüestros seguidos e passar a ter "comportamentos estranhos e dificuldades para se firmar nos negócios", segundo notícias de jornal, veio a cometer um brutal triplo homicídio, assassinando com tiros de escopeta sua esposa e as duas filhas adolescentes, suicidando-se a seguir no banheiro da cobertura alugada em que moravam na Barra da Tijuca, no Rio de Janeiro, em 2003.

Esses são apenas alguns poucos casos famosos pela repercussão que tiveram na mídia e que expressam as dezenas de casos de seqüestros com cativeiro e outras dezenas (ou milhares) de casos de seqüestro relâmpago que nem chegam a ser relatados à polícia. Cabe salientar que, quando alguém é seqüestrado, famoso ou desconhecido, toda uma família é também seqüestrada, pois todos vivem o drama, a angústia e a insegurança do desfecho do caso. Portanto, seqüestro é um delito de efeitos devastadores, já considerado legalmente um crime hediondo[1]. A vivência do se-

---

1 Crimes hediondos – Lei n. 008.072-1990. O adjetivo "hediondo" deriva do latim *hoedus* (bode), em sentido figurado: fétido, malcheiroso. Houaiss (2001) atribui ao verbete "hediondo" as seguintes significações: que apresenta deformidade; que causa horror; repulsivo, horrível, que provoca reação de grande indignação moral; ignóbil, pavoroso, repulsivo, sórdido, depravado, imundo, que exala odor nauseabundo; fedorento, fétido.
Tais crimes não dão direito a anistia, graça, indulto, fiança ou liberdade provisória, sendo a pena cumprida integralmente em regime fechado.

qüestrado e de pessoas ligadas a ele reflete o estado aflitivo vivido em conflitos como a guerra. A grande diferença notada entre aqueles que apresentam seqüelas devido à guerra e vítimas da violência urbana é que, para os primeiros, embora ainda persistam sintomas que os atormentem no cotidiano, há a consciência de que a guerra acabou; já para as vítimas da violência urbana permanece sempre presente a idéia de "isso pode acontecer outra vez", o que torna o nível de tensão muito mais presente no dia-a-dia, dificultando seu tratamento.

Nesse clima de temor e quase terror, quem é rico no Brasil está com muito medo e se protege com poderosos arsenais. Empresários e artistas famosos passaram a pagar por seguranças privados e a adotar carros blindados[2], condomínios com muros altos e cercados por sistemas elétricos e circuito de TV por toda parte, alarmes com sensor infravermelho, dispositivos via satélite para localização de veículos e até o desenvolvimento de chips para implantação subcutânea para rastrear a possível vítima. À medida que os ricos passaram a se proteger, pessoas de classe média tornaram-se as maiores vítimas de seqüestros, tomadas à luz do dia e levadas para sacar dinheiro em caixas eletrônicos de bancos. É um crime mais barato, que não exige grande planejamento e atrai também criminosos menos especializados – os principais perigos do seqüestro relâmpago são justamente o nervosismo e a inexperiência de bandidos novatos. Como explica um coronel da Policial Militar do Rio de Janeiro citado por Ana Beatriz Magno (2001):

> Bandido não é bobo. Eles perceberam que é melhor roubar o pouco, porém desprotegido, dinheiro da classe média do que enfrentar a sanha da polícia, seguranças particulares e ainda correr o risco de não ver a cor do dinheiro dos ricaços e serem caçados por policiais especialmente treinados.

---

2 O Brasil é o maior consumidor de carros blindados do mundo, superando em muito Estados Unidos, México e Colômbia.

QUADRO 1 – TIPOS DE SEQÜESTRO NO BRASIL

Seqüestro com cativeiro: ato pelo qual ilicitamente se priva uma pessoa de sua liberdade, mantendo-a em local de onde não possa sair livremente. Um resgate é exigido da família da vítima para sua libertação.

Seqüestro relâmpago: nome pelo qual ficou conhecida a modalidade de assalto à mão armada na qual a vítima permanece em poder dos assaltantes por um período variável. Nesse intervalo, são praticados furtos em caixas bancários automáticos e freqüentemente violências físicas contra a vítima, inclusive estupro. Tal crime ainda é especificado no Código Penal como "roubo qualificado", mas há um movimento no Congresso Nacional para que tal especificação seja revista, e alguns casos já têm sido julgados com maior severidade.

Seqüestro domiciliar: delito no qual a vítima e comumente outros familiares permanecem em poder de criminosos em sua própria residência, durante um período no qual são cometidas violências físicas, roubos e ameaças intempestivas de morte.

Falso seqüestro: dado o estado de temor e ansiedade elevados que a população vem vivendo atualmente, os bandidos nem se dão ao trabalho de efetivamente seqüestrar alguém. Escolhem aleatoriamente algum número telefônico e ligam, afirmando que estão com um membro da família (pai, mulher, filho) em seu poder. Se a pessoa não cumprir uma verdadeira "gincana do terror", percorrendo caixas automáticos, deixando bens e pertences em lugares longínquos, seu parente corre o risco de ser morto imediatamente. Movida pelo terror e pela impossibilidade de localizar o parente supostamente seqüestrado, a vítima entra em um estado de "consciência estreitada" e se submete a todas as exigências dos bandidos.

Levantamento do Ministério Público de São Paulo, com dados de janeiro de 2004 a novembro de 2005, revela que o projeto anunciado pelo governo do Estado de São Paulo e pelo próprio Ministério Público de tratar os seqüestros relâmpago com o mesmo rigor do seqüestro tradicional não chegou a apresentar os resultados esperados até agora. Na prática, o que ocorreu foi a simples inclusão do seqüestro relâmpago (no qual a vítima é obrigada a fornecer senhas, sacar dinheiro ou fazer compras) entre os boletins de ocorrência pelo crime de extorsão mediante seqüestro (tipificação antes aplicada somente para casos com cativeiro e pedido de resgate), sem que isso se traduza na responsabilização correspondente dos criminosos na Justiça.

O Ministério Público afirma que a intenção é tratar o seqüestro relâmpago com o mesmo rigor do seqüestro tradicional, o que ainda não aconteceu, via de regra, com exceção de dois ou três casos em que foram aplicadas penas mais severas aos criminosos. A Promotoria queria que os delegados indiciassem, ou seja, acusassem formalmente, os suspeitos de seqüestro relâmpago por extorsão mediante seqüestro, em vez de roubo, o que aumentaria a pena. De janeiro a novembro de 2005, apenas 14% dos registros policiais de extorsão mediante seqüestro seguiram esse procedimento. O governo paulista afirma que a alteração exigiria modificação do Código Penal. Uma proposta de modificação já foi apresentada, o projeto de Lei ao Congresso Nacional dos deputados Luis Antonio Fleury Filho e Zulaiê Cobra, com adendos de outros deputados, mas ainda tramita lentamente no Congresso.

Se o crime for tipificado apenas como roubo, o autor de seqüestro relâmpago pode receber uma pena de cinco a quinze anos de prisão. Pela soma dos crimes de roubo e extorsão mediante seqüestro, essa pena fica entre 20 e 45 anos. Além disso, a extorsão mediante seqüestro é considerada crime hediondo – o preso perde benefícios e o rigor no cumprimento da pena é aumentado. A mudança causou grande aumento de BOs sobre "extorsão mediante seqüestro", mas o número de inquéritos policiais e de denúncias à Justiça por esse tipo de delito não acompanhou tal crescimento. Segundo levantamento da Procuradoria Geral de Justiça, que usou dados do Infocrim (base informatizada de ocorrências policiais), foram 1.704 boletins de extorsão mediante seqüestro – inclui o tradicional e o relâmpago – de janeiro de 2004 a dezembro de 2005 na capital paulista. Informações do banco de dados da promotoria mostram, nesse mesmo período, que foram abertos apenas 127 inquéritos policiais (7%) e houve 235 (14%) denúncias de criminosos à Justiça pelo crime de extorsão mediante seqüestro.

Em abril de 2004, a Procuradoria recomendou que os promotores denunciassem os autores de seqüestro relâmpago por roubo e extorsão mediante seqüestro. Também abriu um procedimento para apurar por que a polícia não tinha dados específicos. Em agosto, a pedido do governador, foi a vez de o comando da polícia recomendar aos delegados que também tipificassem os dois crimes no BO. Na época, a medida convenceu a Procuradoria, que arquivou a investigação. Os números mostram, no entanto, que não houve sintonia entre o trabalho da polícia e o do Ministério Público. A Procuradoria afirma que fez sua parte e que a recomendação está sendo seguida. Mas também diz que apresentou as denúncias conforme os inquéritos concluídos pela polícia.

Números da Polícia Civil confirmam por que o seqüestro relâmpago foi um dos crimes que mais assustaram os paulistanos em 2005. De janeiro a dezembro, foram registrados cerca de 1.260 casos na cidade de São Paulo, uma média de 105 por mês.[3] A Secretaria da Segurança Pública diz não ter dados completos dos seqüestros relâmpago em 2004 para fazer a comparação com os registros de 2005. Mas afirma que o crime apresentou queda a partir do quarto trimestre de 2005. De outubro a dezembro de 2005, a média caiu para 87 seqüestros relâmpago por mês, 23% a menos do que no mesmo período de 2004, que havia registrado 113 casos a cada 30 dias, segundo a Secretaria.

Segundo relato do delegado Wagner Giudice, diretor-geral da Divisão Anti-Seqüestro (DAS), no II Fórum Gerenciamento de Crise em Segurança Empresarial, realizado em São Paulo em

---

3 Disponível no site: <http://www.sspj.go.gov.br/ag_noticias/con_noticia.php?col=2&pub =15681>. Acesso em: jul. 2007.

TRANSTORNO DE ESTRESSE PÓS-TRAUMÁTICO EM VÍTIMAS DE SEQÜESTRO

2006, a DAS já está cuidando das investigações relativas aos chamados seqüestros relâmpago. Nesse fórum, Giudice apresentou também estatísticas recentes sobre os seqüestros com cativeiro registrados em sua Divisão, no Estado de São Paulo. Segundo suas informações, os dados mais recentes são:

- 2001: 307 seqüestros por mês;
- 2002: 321 seqüestros por mês;
- 2003: 118 seqüestros por mês;
- 2004: 112 seqüestros por mês;
- 2005: 132 seqüestros por mês.

O perfil das vítimas é o seguinte:

- 48% são homens;
- 32% são mulheres;
- 12% são adolescentes;
- 8% são crianças.

Giudice afirmou ainda que o retorno de vítimas, após o seqüestro, obedece aos seguintes índices:

- 90,6% retornam "intactas";
- 8% retornam feridas;
- 0,8% retornam mutiladas (principalmente dedos e orelha);
- 0,6% são mortas.

DEPOIMENTOS DE VÍTIMAS

Apresentamos, a seguir, alguns depoimentos de pessoas que procuraram atendimento no Gorip, colhidos pela jornalista, psicóloga e mestre em psicologia clínica Marisa Fortes.

INFERNO NA IMIGRANTES

B. K., 32 anos, produtora cultural, vítima de seqüestro relâmpago.

Fui seqüestrada em São Paulo, no dia 28 de fevereiro de 2005. Eu tenho uma profissão muito visada, sempre andava com muito dinheiro para o pagamento dos eventos que produzia. Na verdade, sou uma dura, mas o que eu faço me proporciona jantar em lugares caros e viver em um meio que não é o meu. Por isso, segundo o que ouvi dos bandidos, meu seqüestro não era para ser relâmpago. Sinto que já estava sendo vigiada, e eles falavam toda hora em ir ao cativeiro. Nessa noite, eu havia deixado meu carro em um estacionamento na Vila Olímpia e saído com amigos para jantar em um restaurante japonês ali perto. Eram 23h50 quando voltei, peguei o carro e tentava me achar, já que não conheço muito bem aquele bairro. Nesse momento, um Gol branco me fechou e três homens armados saíram e vieram em minha direção. Entraram no meu carro, anunciaram o seqüestro e exigiram que eu ligasse para o meu pai. Um deles me mandava dizer que em vinte minutos faria outro contato e que eles tinham de resolver quem seria o negociador.

Na hora, tive muito medo, mas ainda consegui manter a calma e tentar argumentar com eles. Eu dizia: "Olha, vocês pegaram a pessoa errada, eu não tenho dinheiro, não me machuquem". Afinal, estava em um Palio 97, não era carro importado nem nada. Eu liguei então para o meu cunhado, que estava em casa com uns amigos, fingi que era meu pai. Dei todas as instruções que eles mandaram e frisei que não deveriam ligar para a polícia, que os bandidos estavam monitorando tudo. Esse foi um *insight*, o de ligar para o meu cunhado, e tive outros que acho que me ajudaram. A religião também ajudou, sou espírita kardecista. Quando percebi que eles não estavam preocupados com minha bolsa, meus cartões do banco e meu talão de cheques, comecei a ficar mais aflita. Nessa altura, eles já diziam que meu cativeiro era no Litoral. Estávamos entrando na [rodovia]

Bandeirantes, e eu acelerando e já pensando em enfiar o carro em um poste, sair da estrada, sei lá.

Aí eles pararam quando eu ia entrar na Imigrantes e me colocaram no banco do passageiro, acho que desconfiaram que eu queria bater. Aí começou o verdadeiro pesadelo, eles foram passando a mão pelo meu corpo e eu fui me debatendo, tentando me defender. Aí eles pararam de novo e me colocaram no banco de trás, no meio de dois caras que ficavam me tocando, e eu dando socos e cotoveladas. Joguei meu celular lá atrás, pelo tampão do porta-malas que estava quebrado. Esse foi outro *insight*. Bom, um dos caras estava muito louco, muito drogado, e eu senti que ele poderia fazer qualquer coisa. Então eles entraram em um [restaurante] Frango Assado que tem no começo da Imigrantes, estava cheio e eles deram um cavalo-de-pau no meio do posto. Eu pensava que alguém ia ver isso e ir atrás. Aí um pouco mais adiante o carro da frente, aquele Gol que foi nos acompanhando o tempo todo, começou a dar o pisca-alerta e parou. O bandido desceu e falou: "F... o cativeiro e o carro tá falhando. Larga ela aí no porta-malas e alguém fica com ela que eu vou trocar de carro". Fiquei apavorada, era o meio da estrada, um matagal do lado, e eles desistiram de me levar para o cativeiro.

Então me arrancaram do carro com violência. Bati o braço, mas na hora nem senti. Eles foram me colocar no porta-malas e o mais louco, drogado, disse: "Errar a gente não te errou, a gente vai te acertar de novo. A gente não vai te levar hoje, mas você vai ficar com a minha marca". Aí ele me jogou no porta-malas, puxou minhas pernas para cima, arrancou minha roupa, puxou minha calça, arrancou minha blusa... Eu estava menstruada e ele passava a mão em mim e esfregava no próprio rosto. Ficava me xingando de p... e me batia muito. Os outros diziam para ele me largar, mas também não faziam nada para me ajudar. Ficaram assistindo. Quando eu joguei o celular no porta-malas ele estava ligado e a polícia interceptou o telefone, que ficou conectado com a central e com minha irmã. Então ela simplesmente ouviu tudo isso. Imagine ela do outro lado da linha ouvindo essa barbaridade sem poder fazer nada!

Naquele momento, eu só podia escolher entre duas coisas: ser estuprada ou morrer. Eu optei por morrer. Isso eu não ia suportar, viver com isso era impensável para mim. Eu sabia que não ia ter capacidade de conviver com isso depois. Havia três armas apontadas para mim naquela hora e eu lutei, chutei, bati, apanhei pra caramba e briguei até ele desistir. Fiquei cheia de hematomas, toda roxa, bati a cabeça, um horror. Eu sou uma pessoa inteligente, instruída, o cara veio seco e eu resolvi que não, que não ia passar por aquilo. A essa altura, eles desistiram e me fecharam lá dentro, acho que fiquei uns quinze minutos ali aos gritos, nua, toda machucada e suja de sangue. Peguei o telefone e liguei para a polícia, não me toquei que já estava tudo grampeado e falei que eu tinha sido seqüestrada. A santa da atendente falou "B., a gente está acompanhando tudo, agora está tudo bem, eles foram embora e a polícia está indo te buscar. Se acalma..." Ela foi me acalmando e eu ainda não sabia que minha irmã estava ouvindo tudo. Naquele momento, eu não sabia se era a polícia que estava vindo ou se eles tinham voltado, só queria alguém conhecido para ter certeza de que tinha escapado. A atendente dizia: "Fique calma, vou pedir para eles jogarem uns faroletes e você vai descobrir que são eles pelos faroletes".

Uma hora depois eu vi as luzes, mas pedi por telefone para ligarem as sirenes, tinha certeza que os seqüestradores iam voltar para me pegar. E ela ali no telefone comigo o tempo todo... Aí eles chegaram fazendo o maior escândalo, acho que tinha uns quinze carros. Eles colocavam o farolete e me chamavam: "B., é a polícia, onde tá a chave do carro?" Sei lá eu onde estava, depois soube que eles trancaram o carro todo e jogaram a chave no matagal. Eles [os policiais] acharam porque começaram a recolher as coisas da minha bolsa que os bandidos deixaram espalhadas por ali. Um deles abriu a tampa e viu que eu estava nua, aí ele disse: "Olha, eu vou pegar uma toalha e fazer uma cabaninha. Os policiais vão ficar de costas e você se veste". Aí eu fui colocando a blusa, a calcinha, a calça... Toda suja de sangue. Ele pegou meus sapatos, fui me arrumando aos poucos. Quando já estava vestida saí para agarrar a primeira pessoa que estivesse na minha frente, tamanho o meu pavor. Eu só chorava e queria tomar banho. E era um policial espírita, que começou a falar de Deus e disse que também ia no centro que eu freqüento, ele tinha visto o adesivo no carro. Naquela hora, senti que Deus me pegou no colo e me colocou ao lado de alguém que acreditava nas mesmas coisas que eu, que podia me entender, que sabia do que eu estava falando.

Fui no meu carro, um deles foi dirigindo para mim. Aí cheguei na delegacia e eles disseram que sabiam quem eram os caras e pediram para eu entrar no carro e ir com eles reconhecer. Na hora eu só dizia: "Eu vou! Eu quero esses três caras mortos, eu não quero nem saber! E eu quero matar eles, eu quero ver eles morrerem". Aí chegou a minha irmã e não me deixou ir, ela ficou meia hora conversando comigo até ter coragem de perguntar se eu precisava fazer o exame de corpo de delito, se eu tinha sido estuprada ou não. Na hora em que eu cheguei, o delegado saiu da sala dele e me chamou pelo nome, muita gente estava me esperando, já sabiam o que tinha me acontecido. Meus amigos não tiveram coragem de chegar perto de mim, minha pele é branquinha, então os hematomas apareciam mais. Eu estava toda roxa, era assustador mesmo!

Depois, ali me lavando na pia da delegacia, limpando meu próprio sangue, me dei conta de que o desejo de vê-los mortos estava desaparecendo, já estava me acalmando, violência gera violência. Sei que não pegaram os caras. Como eu cheguei cheia de sangue, eles não acreditavam que eu não tinha sido estuprada. Até hoje eu fico pensando, é tanta humilhação, tanta exposição... Naquela hora, só queria tomar banho. Assinei o BO e me levaram para casa com minha irmã. Imagine ela sem poder dividir isso com meus pais. Nós tínhamos medo da reação deles, só ficaram sabendo na sexta-feira à noite, quando foram lá em casa. Ela contou aos poucos lá embaixo e avisou que eu estava machucada, meu pai subiu como um louco, arrancou o BO da minha mão e leu tudo, todos os detalhes escabrosos. Ele envelheceu quinze anos em cinco minutos. Percebi que havia algo errado comigo cerca de dois meses depois, quando roubaram meu carro na porta da minha casa. Eu tive uma reação louca, saí chutando tudo. Hoje eu dirijo muito agressivamente, sinto que perdi a liberdade, tenho medo de sair, recusei trabalhos por causa desse medo. Ainda tenho que administrar o sofrimento dos outros, porque foi uma coisa que envolveu muito profundamente toda a minha família. Mas na época em que as coisas pioraram muito, em junho de 2005, uma colega me indicou o serviço do HC. Ela teve de marcar para mim, porque eu não queria ir. Tudo que eu comia, vomitava; pesava 44 quilos, fui diagnosticada como bulímica, era capaz de ficar até vinte dias sem comer, só tomando café e fumando. Eu tinha pesadelos com morte, com quedas livres. Tinha tremores fortíssimos e meu cabelo começou a cair. Esse trabalho oferecido no Instituto de Psiquiatria é fantástico, fora do comum, eu cheguei aqui um trapo e consegui sair dessa graças ao apoio que tive. Fui diagnosticada como tendo o transtorno de estresse pós-traumático e era muito resistente à terapia em grupo, faltei nas duas primeiras sessões, não queria ficar contando minhas coisas... Mas aí consegui e adorei!

Hoje eu sou outra pessoa. Por exemplo, até hoje continuo em certo cárcere privado, evito sair à noite. Tenho permanentemente a impressão de que tem alguém me observando. Minha vida profissional foi prejudicada. Além do meu próprio medo, tenho de conviver com ligações a todo o momento dos meus pais, eles querem saber se estou bem. Eles não conseguem falar sobre o assunto, não sabem lidar com o que os bandidos me fizeram. Ninguém se dá conta muito disso, mas as conseqüências para a família também são desastrosas, eles ficam muito mexidos. Interessante que eu sinto que tenho de me cuidar o tempo todo, senão volto para o casulo. Comecei a questionar tudo da minha vida. Mas com esse tratamento eu estou mais forte, mais otimista, no grupo eu vejo outras histórias. Quem passou pelo que eu passei sabe que os problemas mudam, as prioridades são outras. Hoje eu ouço música de um jeito diferente, vou andar de mãos dadas no parque com meu pai. Passei a ver a vida de outra forma, dou mais valor. Eu digo que minha vida não está fácil, inclusive financeiramente, porque não consigo trabalhar como antes, mas tenho certeza de que tudo vai dar certo, estou viva para resolver isso!

ROLETA-RUSSA

M. M., 56 anos, consultor financeiro, vítima de seqüestro relâmpago.

Não sei se ainda estou sendo perseguido, você pode imaginar o que é viver assim? Não me lembro o dia exato do seqüestro, sei que foi em setembro de 2003, aqui em São Paulo. Saí com minha namorada para tomar um chopinho na Vila Madalena. Era mais ou menos meia-noite e meia quando saímos do bar, os carros estavam estacionados em uma dessas lojas que fecham à noite e quando chegamos perto fomos abordados por dois sujeitos que anunciaram um assalto. Saímos os quatro no carro dela, os dois na frente e nós dois atrás. Eles deram várias voltas e depois de mais de uma hora e meia falaram que iam pegar um carro que estava longe dali. Eles mudaram e ela foi para o banco da frente, com um dos bandidos dirigindo, e eu fiquei no de trás, com o outro cara. Eles não podiam ir ao cativeiro, pois já havia dois lá dentro e ia ficar apertado. Além disso, tinha polícia na favela e eles eram avisados de tudo pelo celular.

A essa altura já estávamos na Vila Brasilândia, que era onde o carro deles estava, e iam ficar esperando uma ligação para poder ir para a favela. Nessa hora, estávamos todos calmos, mas o da frente estava muito drogado e começou a passar a mão nela, ela ia pedindo para ele parar. Na hora em que ele avançou nela, eu grudei nele; aí ele dizia: "Ah, você é macho?" Então ele pegou o revólver, tirou as balas e deixou só uma, girou o tambor, colocou o cano na minha boca e apertou o gatilho. A minha namorada gritou que eles podiam fazer o que quisessem, mas que não me matassem. Aí ficou aquele negócio tenso, até que umas pessoas saíram pelo portão de uma casa próxima e eles se assustaram. Já fazia umas três horas que estávamos em poder deles. Aí ele pegou minha namorada e foi com ela para o carro da frente, eu fui para o banco da frente com o outro bandido. Ela não queria ir, mas ele a arrastou para o carro da frente e começamos o percurso para o cativeiro. No meio do caminho, ela se jogou do carro em movimento, se machucou bastante, mas o bandido não parou. Eu olhei para trás e a vi se levantando. Nós estávamos passando por uma praça e havia um tático-móvel estacionado em cima do canteiro. O bandido saiu cantando pneus, os soldados iniciaram uma perseguição e já acionaram pelo rádio outras viaturas.

Paramos em um farol, ele foi devagar para não levantar suspeitas e eu o agarrei, segurei o revólver e abri a porta gritando: "Seqüestro!" Nessa hora, minha namorada vinha vindo com a polícia. Quando vi que não ia dar para segurar o cara muito tempo, saí do carro; mas não consegui andar, minhas pernas não obedeciam. Ele bateu o carro em um poste e foi preso. O outro, o drogado, foi morto na entrada da favela. Ele era o chefe do PCC e havia dois reféns no cativeiro. A essa altura, já estava no hospital cuidando da namorada e aí chegou o corpo do bandido, queriam que eu o reconhecesse. Como se não bastasse, chegou também a equipe do Datena [apresentador de televisão] e registrou tudo. Passei quatro meses de sufoco, porque a mãe do bandido morto ficava ligando para mim e me ameaçando. Eles diziam que iam me matar. Eu disse ao juiz que queria saber quem havia dado meu telefone, ele disse que não podia fazer nada. A policial que cuidou do caso foi emboscada por eles e por pouco não morreu, quatro bandidos foram mortos nesse dia! Um dos bandidos, o que sobreviveu, é filho de uma figura importante, um empresário conhecido. O pai não sabe mais o que fazer, já entregou a Deus. Ele roubava tudo de casa, se drogava e nunca saiu da vida do crime. Eu o conheci na delegacia e ele me contou que prefere deixar o filho preso, deixar que o matem. Até então eu estava levando uma vida normal. Trabalhei trinta anos no mercado financeiro, já era uma coisa estressante. Eu passei a andar armado, tinha medo das represálias. Ia tomar banho armado! A partir daí, comecei a chorar à toa e muito, não dormia, ficava nervoso... Quatro meses depois do acontecido, estava na minha casa e caiu uma telha no quintal, fez um barulho enorme. Eu desmaiei e fiquei sei lá quanto tempo ali, desacordado. Aí eu não queria mais sair de casa, chorava toda hora. Percebi que havia algo terrivelmente errado – minha vida com o trauma havia começado. Dois meses depois, resolvi me mudar; era uma casa enorme e eu morava sozinho. Piorei mais ainda. Sabe, acho que a reação da pessoa ao trauma depende muito também de como ela estava naquele momento, minha vida pessoal e profissional já não estava tão boa e acho que então as coisas me pegaram mais violentamente. Eu estava em uma fase muito ruim da minha vida, tive de vender meus bens para não quebrar.

Um dia eu vi o doutor Eduardo na televisão e decidi procurar ajuda. Fui diagnosticado como sendo portador do transtorno de estresse pós-traumático e iniciei um tratamento semanal, foi aí que comecei a melhorar. O trauma é um problema sério, ninguém que não passou por isso tem idéia do que é. Nunca mais consegui falar com aquela minha namorada; fiquei chateado porque eu não queria ter saído naquela noite. Falei mais de dez vezes que não queria ir, algo me dizia "não vá", mas ela insistiu tanto... O pior momento foi o da roleta-russa. Além disso, eu tinha certeza de que iam estuprar minha namorada se eu não tivesse reagido. Na hora você não pensa, não raciocina, você é puro instinto. Eu nunca mais ia poder me olhar no espelho se deixasse que eles a estuprassem, eu preferia tomar um tiro.

Estou há três anos sem trabalho e engordei quarenta quilos. Às vezes, marcava uma reunião, ia até o carro e não conseguia sair, voltava correndo. Agora que estou retomando o trabalho no mercado financeiro como consultor, só agora me sinto disposto a isso. Eu acordava à noite engasgado, não conseguia dormir mais. Uso antidepressivos e ansiolíticos. Não quero mais namorar, saio duas ou três vezes com uma pessoa e não consigo construir um vínculo, não dá. Quando vou às consultas, fico vendo o quanto a família é afetada, como eles falam sobre o que aconteceu, fico horrorizado. Eles matraqueando sobre tudo aquilo, expondo a vítima, falando com os outros... Isso me chateia muito, me deixa angustiado. E não ajuda em nada.

Penso que há dois pontos muito importantes no tratamento desse problema: um é como estava a pessoa na época do seqüestro, outro é seu relacionamento com a família. A falta de suporte da minha família foi péssima. Quando eu quebrei, minhas filhas não aceitaram, estavam acostumadas a me ver forte e não suportaram minha fragilidade, me maltrataram. Hoje moro com uma delas, mas a relação é ruim e distante. A outra mora no exterior, não sinto falta dela. Difícil para a família aceitar que a fortaleza caiu e que é preciso amparar essa fortaleza. Hoje sou muito mais frio em relação à minha família. Não deixei de gostar, mas tenho muita mágoa. Todos sumiram, irmãos, tios, primos... Todos os que se divertiam muito à minha custa nas festas que eu dava desapareceram, não me procuraram desde que fiquei doente. Não se importam. Mas a sensação de inatividade, de incompetência, é terrível. Estou mais animado e em fase de reconstrução, mas muito mais frio, racional, acho que nunca mais voltarei a ser o mesmo. Acabou a pessoa que eu era, minha vida passada. Preciso partir do zero, porque não há retorno. Não penso em grandes projetos, quero ter uma vida razoável e só.

PRISIONEIRO NO CORTIÇO
K. L. X., 53 anos, comerciante, vítima de seqüestro com cativeiro.

Fiquei no cativeiro por dezesseis dias, fui seqüestrado aqui em São Paulo no dia 5 de fevereiro de 2005, às duas horas da madrugada. Eu faço de tudo um pouco, tenho posto de gasolina, comércio de jóias, trabalho no mercado imobiliário... Eu estava trabalhando no posto de gasolina, na Zona Norte, e a loja de conveniência estava lotada, era ensaio de escola de samba. Estava numa boa, tomando uma cervejinha, e aí deixei a mulher tomando conta do caixa e fui dar um pulo em casa para pegar o celular. E eu tenho essa mania de família desde pequeno, de andar cheio de jóias... Tinha um filhote de cachorro, um labrador de 5 meses, e ele queria passear. Minhas filhas estavam em um hotel que eu tenho na praia, e em casa não tinha ninguém. Peguei o cão, abri o portão e saí com ele. Quando subi a ladeira, tinha um carro do lado direito e um cara barrigudo lá dentro. Ele meteu o revólver em mim e falou que era um assalto. Eu caí em cima da barriga dele, mas não reagi. Ele me deu uma coronhada e eu fiquei tonto, os outros saíram e me renderam. Eu estava com uma camisa de manga comprida e eles me mandaram cobrir o rosto, disseram que se eu olhasse para eles eu ia morrer. Aí saíram na maior loucura, voaram com o carro! Começaram a me arrancar as correntes, as pulseiras e tudo. Eram quatro bandidos.

Lembro que me levaram para uma casa, só vi o piso, uma ardósia. Me colocaram em um colchonete e tiraram meu dinheiro, cheques, anéis de ouro, celular, tudo. Eles diziam que eu tinha Jaguar, Mercedes, e eu falando que não era nada meu. Um baixinho veio e me deu um murro no olho, ficou roxo uns dez dias. Foi um murro pra valer! Aí eles me jogaram em outro carro, um Gol, e rodaram por quase uma hora. Eu tinha tomado umas cinco latinhas de cerveja, mas fiquei são na hora! Aí chegamos a outro cativeiro, onde tinha um rottweiler enorme me farejando.

Eram umas seis casinhas, cada uma com quarto e banheiro, e tinha famílias do lado, eu ouvia a voz das crianças, da mãe. Sempre ficaram dois bandidos me olhando e à noite o cão me farejava. Eu ficava acorrentado. Era um quarto e a gente ficava todo mundo junto, televisão e rádio altos o tempo todo. Eles me ameaçavam, se eu tentasse fugir eles iam me deixar no chão acorrentado, sem banheiro nem comida. Lá no cativeiro, eles me davam coisas roubadas, caixas e mais caixas de iogurtes e bolachas, aqueles pacotes grandes. Eu rezava 24 horas, sou devoto de Nossa Senhora Aparecida. Eu tomava água, rezava e relaxava. Mas você fica em uma situação que dá vontade de se matar, de acabar logo com aquilo tudo. A cabeça ficava explodindo, parecia que eu ia ter um infarto. É muito tempo preso sem saber o que vai acontecer com você.

No dia em que eu entrei no cativeiro, eram umas três horas da manhã e eles tinham soltado o refém anterior às duas horas, era o filho do dono de uma loja de material de construção. Um dos que tomavam conta de mim era melhor, conversava comigo e me dizia que queria parar, estava no quarto seqüestro. O outro era um algoz, ele só falava que ia me matar e botava o cachorro em cima de mim. O negócio dele era dinheiro, ele me mostrava o jornal e dizia que eu já estava há muito tempo lá, que eu ia morrer. Aí vinha de vez em quando o gordão, ele chamava Morcego. Ele chegava sempre drogado, fedendo e muito maluco. Uma vez ele chegou com uma faca, uma peixeirona, e ameaçou me furar. Outro dia ele veio com um negrão e disse que ia me extrair um dedo, que ia me dar uma injeção e que eu não ia sentir nada. Eu estava deitado no colchonete e os dois vieram para cima de mim, o cheiro de droga que eles exalavam era terrível. O negrão já estava com a serrinha raspando no meu dedo, me batendo e segurando com força, prestes a amputá-lo. Eu me apavorei e pedi para falar com minha filha do meio, que estava negociando, e prometi resolver tudo, dar o que eles quisessem. Me obrigaram a escrever um bilhete mandando vender tudo e conseguir cem mil reais, e deixaram em uma estrada para minha família pegar.

A essa altura a DAS já estava em casa interceptando tudo, mas cada vez que eu falava com minha filha era rápido, dez segundos, e os bandidos quebravam o celular em seguida, para evitar que eles captassem o sinal. A gente ligava dali de dentro, mas eles mandavam dizer que eu estava circulando no centro da cidade. Eles queriam 1,5 milhão de reais, eu disse que era impossível, que eu estava lá dentro e não podia conseguir tanto. Que eu nem tinha todo esse potencial. Fui negociando e caiu para quarenta mil reais. Quando meus familiares receberam o bilhete como prova de vida, começaram a juntar o dinheiro do resgate. Só que aí os seqüestradores deram pra trás, eles diziam que era pouco, que eu devia então depois de solto dar mais vinte mil reais. Eu disse que meu comércio estava parado, mas que topava dar o resto em mais ou menos quinze dias. Aí era uma quinta-feira quando o Morcego e o negrão chegaram e eu fingi que estava dormindo, até roncava. Eles cochicharam que a situação estava no limite, que a polícia já estava na cola deles e que precisavam resolver meu caso urgente.

No dia seguinte, me deram cerveja, queriam que eu bebesse e falaram que iam me trazer uma mulher. Eu falei que não queira nada disso, que não estava com disposição. Eles disseram que sabiam que eu gostava do que era bom, de chopinho, charuto, mulher... Eu falei que não estava com apetite para nada. Isso foi tudo planejado, alguém do posto deve ter dado a fita, que tenho coleção de carro, que gosto de jóias. No final, eu demiti todo mundo e fechei o posto, vendi. Um dia desligaram o rádio e a TV e disseram que tinha um estuprador na rua e que estava cheio de polícia. Mas era uma mentira para enganar os bandidos, a DAS já tinha rastreado o cativeiro. No sábado, quando eram umas dezoito horas, a coisa pegou fogo! Chegaram três investigadores e um delegado. Os dois seqüestradores estavam lá, um no quintalzinho com o cachorro e o outro lá dentro comigo, porque eu nunca fiquei sozinho e eles não admitiam que ninguém de fora entrasse no quarto. O de fora foi rendido, o de dentro falou para eu dizer para a polícia que era o primo dele, pegou o colchonete e jogou no banheiro, eu grudei na porta do armário que sabia estar cheio de armas. Ele choramingava e tremia, dizia que ia pegar vinte anos e que ia ser morto na cadeia.

Tinha havido uma denúncia anônima, além disso rastrearam também meu celular, que eles estavam usando para negociar. A polícia ia estourando casinha por casinha, invadia e ia checando o cortiço todo. O de fora ficou cobrindo com uma tolha a fresta que dava para o interior de onde eu estava e eu pensei em dar um grito, já que a polícia estava indo embora. Aí o delegado voltou e falou: "Espera aí que tem um lugar que não olhei!" Aí ele abriu a fresta, me viu todo barbudo e judiado e falou: "Ah, é o senhor K.?" Eu disse: "Sou eu mesmo!" Aí ele já meteu a bota na porta e algemou o bandido, perguntou se eu queria chutar o seqüestrador. Eu disse que psicologicamente não tinha condições de fazer isso. Nessa hora eu chorei tanto, fiquei muito emocionado. Aí eu falei para ele deixar pra lá, levar os bandidos para a delegacia e fazer com eles o que eles merecem. Era uma quadrilha de dez pessoas, um foi denunciando o outro e aí chegaram até meu cativeiro.

Agora uma coisa eu falo, morte é pouco para eles. Pena de morte é o mínimo! Ou então matar devagarzinho! Porque eles não querem saber se você tem família, parentes, mãe, irmã. O negócio deles é grana! É grana ou caixão. É o tipo de gente assim, não querem saber se sua mãe está doente, se sua filha está mal. Minha vontade era de fazer picadinho deles. Quando penso neles, eu sinto vontade de vê-los mortos ou presos para sempre. No dicionário deles não existe a palavra piedade. Eu já fui assaltado nove vezes, mas jamais imaginava que ia passar por isso. O seqüestro é uma coisa muito cruel, quem não passou não faz idéia.

Aí eles me levaram para a DAS, para dar depoimento. Foi feito o BO e eu identifiquei os quatro que me pegaram. Fiquei eu e um senhor que era pai do menino que estava no cativeiro antes de mim. Minha família estava toda me esperando lá na delegacia e a hora em que eu cheguei e olhei para eles... Minha mulher, minhas filhas, meu cunhado... Nem sei, é como se eu tivesse nascido de novo. Quando eu cheguei em casa teve festa, muitas visitas, comemoração. A vida continuou. Só que depois de quinze dias comecei a sentir coisas estranhas, a mão gelava, sudorese, tontura, depressão. Ficava muito nervoso, agitado, tinha insônia e sonhos com o acontecido. Não tinha mais paz! Eu rezava para meus santos protetores. Comecei a dirigir, a sair, mas com muito medo. Minha vida mudou, morava na mesma casa há 23 anos e tive de sair. Mudei de bairro, "queimei" o posto (vendi barato demais). Fui para um prédio, é mais seguro. Hoje meus negócios se resumem aos imóveis e às jóias.

Depois disso eu mudei, fiquei mais humano e mais agressivo. Com meus inquilinos sou mais compreensivo, deixo atrasar o mês. Antes eu não era assim, mandava desocupar o imóvel. Mas agora também sou mais temperamental, fico irritado à toa. Meu casamento também deu problema, porque eu tinha outra mulher e quando eu sumi ela foi atrás, aí minha família descobriu. Eu tinha sido seqüestrado e não tinha como avisá-la, a gente saía há treze anos... Aí caiu a casa, né? Minhas filhas descobriram onde ela mora e foram lá, baixou um pouco o nível, né? Mas voltando aos sintomas, o próprio delegado da DAS já me avisou na hora que a pessoa pode ficar mal, que ia me indicar para tratamento no HC. Aí eu fui e melhorei, estou tomando antidepressivo, me cuidando... É difícil. Comecei a encher a cara de bebida para esquecer tudo e tentar relaxar. Hoje eu me sinto melhor, mas às vezes ainda fico irritado, penso muito no que aconteceu, tenho um medo intenso. Às vezes estou na rua e vejo um cara parecido, tenho vontade de passar com o carro em cima dele!

Quando leio uma notícia de jornal sobre seqüestro, sinto muita raiva. Já fez um ano e eu queria saber se todos os bandidos foram presos, se estão na cadeia. Eu ainda fiquei de fevereiro a dezembro indo ao posto, trabalhando a venda dele. Eu ia com um carro mais simples, sem as jóias, morria de medo, mas enfrentava a situação. Agora quero continuar trabalhando, trabalho desde os 15 anos e não posso parar. Mas penso mais também em aproveitar a vida, vou à praia toda hora, não só uma vez a cada dois anos como era antes. Acho que vou ter de tomar os remédios para o resto da vida; se eu ficar um dia sem tomar fico muito agitado, tonto, não dá! Isso é triste.

MUTILADA NO CATIVEIRO

D. P., 28 anos, comerciante, vítima de seqüestro com cativeiro.

Fui seqüestrada em 2004 e fiquei 25 dias em cativeiro. Eu trabalhava no pesqueiro da minha família, mais de dez pessoas viram os seqüestradores me colocarem no porta-malas do carro e me levarem. Na hora eu já sabia que era um seqüestro, minha família era visada, o bairro era perigoso. Fiquei rodando por cinco horas e me lembro que dei graças a Deus por me pegarem e não à outra pessoa da família. Eu sou a mais forte entre eles e estava calma. Chegamos ao cativeiro e eles me amarraram em uma cama, não tinha como saber onde e como era porque fiquei os primeiros sete dias vendada. Eles perguntavam se podiam confiar em mim, se eu não ia olhar... É lógico que eu queria tirar aquilo o mais rápido possível e garanti que não ia olhar nada. Você não imagina o que é ficar sete dias no escuro, com aquele pano grosso roçando seu rosto.

Sempre ficavam dois comigo, eles se revezavam para dormir e me vigiavam o tempo todo. Sempre me falaram para não tentar nada, me mandavam ficar em silêncio. Tudo que eu podia fazer era obedecer, e foi o que fiz. O tempo todo diziam que iam me matar. No começo eles disseram que ia ser rápido, que meu pai ia pagar. E o tempo passava, eu sempre esperançosa e nada acontecia. Nos últimos dias de cativeiro, achei que iam me matar, entrei em pânico. Isso porque eu comecei a ouvir cochichos e eles nunca tinham feito isso, eu sempre ouvia o que eles diziam. "Está difícil lá, vamos ter de agir de outro jeito." Foi a pior semana, achei que não tinha mais jeito.

Fiz dois telefonemas durante o seqüestro. No primeiro, liguei para minha família e a polícia mandou dizer que meu pai estava doente. Meu irmão atendeu e já começou a chorar, eu pedi para chamar meu pai e ele falou que ele estava internado, que não estava agüentando essa história do seqüestro. Eu tive certeza de que meu pai tinha morrido. Perguntei das crianças e eles, instruídos pela polícia, diziam que minha filha estava doente, sentindo muito minha falta. Eu acho errado, fiquei muito mal achando que isso era a real. Eles pretendiam comover os bandidos, era tudo feito no viva-voz e eles sabiam disso. Eles entravam no meio da conversa e ameaçavam: "Vocês têm de pagar logo, a gente vai matar ela". A segunda ligação foi igual, eu fiquei pior ainda. Pai internado, filha doente... Eu dizia para tirar a polícia, falava o que eles mandavam. Fiquei sabendo depois que minha família fez dois pagamentos, um no início e o repique depois. Ao fim das ligações eu chorava muito, mas durante a conversa era uma tensão enorme.

Na penúltima semana eu estava quieta, na minha, e eles chegaram. Aí subiu um e eles jogaram os óculos. Eu sempre ficava de costas para a porta, não queria reconhecer ninguém. Tenho certeza de que eles foram contratados por alguém que me conhece muito bem e eu não queria correr esse risco. Coloquei os óculos vedados com fita e ele me deitou na cama, puxou meus cabelos para trás... Eu disse: "Não me mata!" Ele respondeu: "Não vou te matar, vai doer um pouco, mas não vou te matar. Fica quieta, você não dá um grito e nem um ai, porque para eu te matar aqui é 'dois palitos'". Ele disse que não ia me matar, que só ia me cortar um pouco. Aí eu esperei. Eles cortaram um pedaço da minha orelha e disseram que iam entregar para a minha família, porque eles não estavam colaborando. Na hora não doeu, mas depois... Na hora eu só pensei que eles não haviam levado minha vida, que se eles quisessem podiam cortar meu pé, minha mão, mas que eu só não queria morrer. Fiquei quieta e deixei ele me cortar, não podia esboçar nenhuma reação.

Depois de dez ou vinte minutos a amputação começou a doer, eles vieram com iodo e um monte de coisas. Na hora eu já pensava que não queria pegar uma infecção. Eles me deram um pano de chão para estancar o sangue! Eu tremia muito, ele queria fazer meu curativo e eu impedi, disse que eu mesma ia fazer. Pedi gaze e água fervida; e o guardião disse que não sabia que eles iam fazer isso, que tinha ido comprar as coisas com o dinheiro dele. Eu tinha muito medo de colocar a mão naquele buraco, não tinha espelho. Ele ia me dizendo para que lado ir com o chumaço de algodão e eu ia limpando. Eu perguntei se eles iam me matar, o seqüestrador disse que não. Em determinado momento, ele viu a ferida e se apavorou, disse para eu tampar aquilo, que estava muito feio. Quando eu olhei para o lado, para a parede, ela estava cheia de sangue respingado, deve ter pegado alguma artéria. Não queria morrer da infecção, então tratei de limpar tudo e mantive protegido com meu cabelo. Doía demais, latejava. Fiquei duas semanas com essa ferida e comecei a ter febre três dias antes de ir embora. Minha família recebeu mesmo um pedaço da minha orelha, na última ligação eu disse pro meu irmão que já tinha cicatrizado, que tinha casquinha. Disse que não doeu. Mas a verdade é que quando voltei para casa nem tinha começado ainda a cicatrizar e estava um buraco aberto.

Minha libertação aconteceu 25 dias depois, no final eu já tinha perdido a conta e a noção de datas. Eles falaram: "Você vai embora amanhã". Aí eu fiquei com medo, porque quem cuidava de mim também queria receber e eles não tinham acesso ao dinheiro. Eu falava: "Mas o resgate foi pago, eu quero ir embora". Parece que eles tinham medo de uma traição por parte dos negociadores. Eles são muito ruins, para eles me matarem não ia custar nada. Eu disse que eu não era garantia para eles. A madrugada eu passei acordada, pensando se iam me matar ou me soltar. Eu conversava com eles, dizia que o trato foi cumprido e que eu merecia ser solta, que não adiantava me segurarem. Quando eram oito ou nove da manhã, eles me colocaram os benditos óculos e falaram: "Vamos embora". Me colocaram na garupa de uma bicicleta, deram várias voltas e me soltaram. Ele falou: "Desce e não olha para trás, vá nessa direção que você vai encontrar uma avenida e se localizar". Nesse tempo todo eu nunca olhei para eles, nunca! Se eu cruzar na rua não vou saber quem é. Eu só ouvia a voz deles e via as sombras na parede durante o cativeiro.

Quando desci, pensei que eles ainda estavam me olhando, não queria pedir ajuda a ninguém, o pavor era tremendo. Eles diziam que não era para ligar para a polícia, que eles estavam me vigiando. Como eu não sabia quem era, fiquei com muito medo, podia ser qualquer um! Aí vi uma moça passando de bolsa, parecia que ia para o trabalho, era mulher... Resolvi falar com ela. Expliquei que tinha sido seqüestrada, que estava sem dinheiro e em farrapos por causa disso. Disse que tinha acabado de ser solta, mostrei meu corte na orelha ainda aberto e disse que queria fazer uma ligação para minha casa e que tinha medo de que eles estivessem me olhando. Ela disse que estava indo para Santos, que ficava a vinte minutos dali e eu disse que então iria junto. Sabia que a rodoviária era em frente à prefeitura e eu conhecia o prefeito. Liguei de um orelhão para meu irmão e disse que ia para Santos, para ele me encontrar lá. Pegamos um barco e fomos, ela me deixou na rodoviária. Eu não tinha coragem de ficar em nenhuma loja, comércio, minha única chance era ir para lá.

Quando eu já estava na rodoviária, tinha um cara muito feio, com uma jaqueta de couro, gritando meu nome. Eu comecei a gritar que queriam me pegar. Ele se identificou como sendo da Anti-Seqüestro e eu não acreditei. Eu nunca tinha ouvido falar que eles andavam à paisana. Eu estava com febre e tenho alergia a tudo que é analgésico, me recusei a entrar naquele carro que nem da polícia era. Tinha um policial fardado e eu me agarrei a ele, implorei que não deixasse me levarem. Eu estava no telefone com meu irmão e ele dizia que era sim da DAS, mas eu estava muito apavorada para raciocinar. Quando vi meu irmão e meu marido chegando, foi o momento mais feliz da minha vida, chorei muito. Eu estava meio que separada na época e meu marido iniciou as negociações. Os bandidos diziam no cativeiro que ele não queria pagar por mim, que ele não gostava de mim, que não queria me salvar. Eu estava fragilizada e acreditava.

Chorei todos os dias no cativeiro. Todos os dias. Eu morria de saudades dos meus filhos, eles dormem comigo na minha cama. Eu tinha que dormir ao lado de um cara que eu nem conhecia, fedendo, nojento. Os seqüestradores se drogavam muito no cativeiro e ainda me ofereciam. Eu fiquei com muito medo de ficar drogada com a fumaça, cobria o nariz com a blusa. Tinham maconha e cocaína, eu ouvia as cheiradas deles e sentia o cheiro da erva constantemente. Hoje, quando penso neles, não sinto nada, é um vazio absoluto. Raiva, ódio, pena, rancor. Eu não perdôo eles de jeito nenhum, queria ver se fosse com a mãe deles.

Meu pai é japonês e eu nunca tinha visto ele chorando. Liguei para casa e minha mãe tentava me acalmar, eu só queria falar com meu pai para ter certeza de que ele não estava morto. Mas ele tinha vindo até Santos para me ver, nós combinamos no meio do caminho para nos encontrarmos. Quando eu liguei para ele no celular ele não conseguia falar, só chorava. Já no carro eu perguntei por que demorou tanto e eles me imploraram para não questionar meu pai sobre isso, porque ele já tinha o dinheiro na mala no segundo dia. Meu pai não se conforma com a demora, com minha orelha decepada. Quando o encontrei, nós caímos um nos braços do outro e choramos como nunca. Depois eu soube que pagaram apenas 10% do valor inicial pedido, graças à demora nas negociações.

Depois que voltei para casa, eu estava bem, feliz. Ao chegar, encontrei toda a minha família e os amigos próximos, umas quinze pessoas confraternizando e comemorando minha volta. Todos choravam e cantavam, foi um momento inesquecível. Depois de um tempo, cerca de dez meses, comecei a ficar muito mal. Logo que eu saí tudo era festa, quando vi meus filhos achei que eles estavam muito diferentes, eu não lembrava mais do rosto deles nem do de ninguém. Meus filhos nunca souberam de fato o que houve, mas alguma coisa eles sentem porque hoje quando vou sair eles perguntam se vou demorar, se volto... Com o tempo, comecei a me privar de muitas coisas. Eu já era medrosa, mas hoje tenho muito medo. Sou superprotetora com meus filhos, mudei tudo, de cidade, de trabalho, de casa... Voltei com meu marido. Antes do trauma eu tinha meus problemas, mas conseguia lidar com eles. Hoje não consigo mais, fico sem reação, não sei resolver nada. Fiquei meio aérea.

Venho aqui no HC para tratar disso, da minha hipervigilância, do meu constante estado de alerta. Não consigo me livrar das lembranças diárias com o que me aconteceu. Descobrimos aqui através de um programa de televisão, e eu cheguei crente de que não tinha nada, totalmente resistente. Tinha certeza de que o que eu tinha ia passar, mas descobri que piorava a cada dia. A insônia é uma constante, eu acho que todos os que estão ao meu lado correm perigo. Acho que sou a bomba que pode prejudicar alguém, tanto que nem saio com meus filhos. Meus pais agora me mimam, concordam com tudo o que eu digo, me protegem... Minha mãe quer ir embora para o sítio, ela sofre muito com tudo isso. Meu pai não quer ficar longe de mim. A família foi muito afetada. Hoje em dia eu quero melhorar, mas ainda faço tudo sozinha com medo de prejudicar os que estão ao meu lado. Eu vou enfrentando, acho que com o tempo vou conseguindo. Já ando a pé na rua, vou ao shopping... Boto na minha cabeça que vou conseguir e vou em frente.

Quis dar meu depoimento para tentar ajudar a chamar a atenção das autoridades, dos governantes. No Japão não tem nada disso, seqüestro não existe. Aqui existe de tudo, acho que aqui não fazem nada para evitar. Resolver é outra coisa, o de menos. Depois que já aconteceu, o mínimo que eles podem fazer é resolver. Eles não fazem mais do que a obrigação deles. No Japão tem uma lei que, quando se dá queixa do desaparecimento de alguém, a primeira providência é bloquear os bens da família toda e de amigos próximos. Então o seqüestro não acontece, eles acabam com todas as formas de obter valores até a pessoa aparecer ou se ter notícias dela. Aí não acontece a captura porque eles já sabem que não adianta, que não tem dinheiro disponível. Isso é muito importante, tentar evitar o problema. E isso compete aos que têm poder para isso.

TIROTEIO NO CAMPO BELO

A. F. G., 48 anos, publicitário, vítima de seqüestro relâmpago.

No dia 20 de abril de 2004, uma sexta-feira ensolarada e véspera de feriado, eu estava saindo de um almoço com meus colegas de trabalho. Eu atuava em uma grande companhia na área de telecomunicações e naquele dia estávamos muito contentes, tínhamos acabado a campanha da Capital. Agora eu estou afastado pelo INSS, mas naquela época todas as sextas-feiras nós íamos almoçar no Campo Belo, um bairro classe média de São Paulo. Tenho o hábito de ligar para todos os meus clientes de horário marcado e foi o que fiz, esse era um amigo meu de São Bernardo e ele falou que eu podia ir. Entrei no carro ainda com o celular na mão, falando com ele, quando dois rapazes me abordaram e arrancaram o telefone da minha mão.

Me mandaram ir para o lado do passageiro e ficar quietinho, garantiram que era só para "fazer uma parada rapidinho" e que nada de mal ia acontecer. Naquela hora tudo desaba, o que senti mais intensamente foi uma secura nos lábios. Ele falou para eu tirar a gravata, os óculos, abrir bem a camisa e ficar à vontade. Passou ainda um tempinho para eu perceber que realmente era um seqüestro, até então você só faz o que eles mandam e não apreende nada. Eram dois moreninhos, um magrinho e outro mais forte, eles falavam pelo celular com alguém e essa pessoa ia dando instruções. Segundo a polícia, eles fazem cerca de cinco a sete seqüestros por dia só naquela região, é uma produção em série.

Eu tentei conversar, argumentar, dizia que eles tinham pegado a pessoa errada, que meu carro é popular e me visto bem por exigência do trabalho. Pedi para pararem por ali porque não tinha dinheiro. E não tinha mesmo, eu tinha 110 reais no bolso e no banco não tinha sequer limite. Eu nunca quis, pois tenho dificuldade em administrar minha vida financeira. Isso naquela situação era um problema, não ia servir para deixá-los satisfeitos. Aí fui percebendo que não tinha diálogo, eles estavam mesmo decididos a seguir com aquilo. Mas eu ia dizendo que era falido, que não tinha nada, mas eles têm certeza de que tudo isso é balela, só para tentar escapar. Tudo isso acontecendo e nós rodando pelo bairro do Campo Belo. Nessa hora passa tudo pela cabeça em *flashes*, sua vida, esposa, filho, mãe, irmãos... Eles me ameaçavam com armas, um atrás pressionando o cano nas costas do banco e o da frente com ela encostada na minha costela.

De qualquer forma, fui percebendo que o nervoso foi passando e eu comecei a analisar friamente as probabilidades. Eles não podiam perder tempo e só ficavam esperando a ligação que, a certa altura, veio. Mandaram entregar os cartões e escrever as senhas, eu fiz, mas avisei que não tinha nada no banco, que eles iam ter problemas na hora de sacar. Aí eles encostaram próximo ao supermercado Extra do Aeroporto e veio uma terceira pessoa, que encostou na janela do meu lado. O cara do volante pegou os cartões e esticou o braço para entregar a ele. Só que nesse momento eu olhei pelo retrovisor e vi três motos da polícia chegando, aí sim comecei a pensar no pior. No que o bandido estava pegando os cartões, eles se assustaram. O rapaz do lado de fora saiu de perto e o do volante engatou a primeira e empreendeu fuga, chamando muito a atenção. É lógico que as motos vieram atrás. Era uma rua curta e terminava em uma curva, nesse ponto batemos de frente com outro carro que vinha vindo. O bandido não teve dúvidas, deu ré e derrubou uma das motos da polícia que estava nos seguindo, o de trás ficou de joelhos no assoalho do carro e começou a atirar. Eu só escutando o barulho e vendo pelo retrovisor o policial deitado no chão e os outros fazendo a menção de sacar as armas para revidar.

Dali a pouco o seqüestrador saiu de marcha à ré para continuar a fuga e a polícia saiu em perseguição, achando que nós três éramos bandidos. O seqüestrador gritava para o comparsa atirar sem dó e falava um monte de palavrões. Estávamos em uma descida muito íngreme e eu podia ver a avenida Água Espraiada lá embaixo, eu pensei que ele não ia conseguir fazer a curva, havia um muro de concreto, então coloquei as pernas para cima e segurei no apoio. Tomei um tiro na perna e ela caiu como morta, nem senti dor na hora. Os tiros passavam voando pela minha orelha e estouravam no pára-brisa dianteiro. Eu só pedia a Deus para me envolver em seu manto, que se não fosse minha hora que ele me protegesse. Na única vez em que olhei, estávamos a 120 quilômetros por hora descendo a ladeira. Lá embaixo ele puxou o breque de mão e entrou de lado na avenida – por sorte não havia ninguém passando. Eu via pelo retrovisor as motos em perseguição e eles atirando, nessa hora tomei outro tiro no braço. Senti que não podia mais ficar ali porque ia morrer baleado e comecei a pensar em me atirar do carro. Só que tudo estava acontecendo em alta velocidade, não tinha como eu fazer nada.

O bandido ia seguindo pela calçada, destruindo a roda do carro na guia. Quando ele viu que não ia dar para continuar, já que estava muito trânsito, ele resolveu voltar e fez uma curva malfeita para a esquerda para entrar em uma ruazinha, perdendo muita velocidade. Eu não sentia mais a perna esquerda, havia um buraco enorme na minha calça e eu não via uma gota de sangue, só um líquido amarelo saindo... E meu braço arrebentado, jorrando sangue. Um dos bandidos tomou quatro tiros, estava lá atrás baleado – depois soube que morreu no PS. Mas naquele momento não quis mais saber de nada, abri aporta e me joguei, rolei no asfalto e eles continuaram a fuga. Por sorte uma moça que mora bem ali estava saindo, viu quando me atirei do carro e correu ao meu encontro. Quando ela chegou perto de mim e levantou minha cabeça para colocar no seu colo, chegaram sete ou oito viaturas com os policiais apontando as armas para mim. Ela gritava: "Pelo amor de Deus, pára, pára, ele é vítima, ele é vítima, o bandido subiu a rua". No que eu olhei estava lá o carro, com a porta do passageiro ainda aberta e as motos atrás. Eles recolheram tudo e saíram atrás, lá em cima um helicóptero da PM voava muito baixo. Ficou uma viatura ali me guardando e a moça começou a conversar comigo, tentando me acalmar.

Eu fiquei consciente o tempo todo e só por isso consegui tomar essa decisão. Tive sorte, estava a cerca de cinqüenta quilômetros/hora e não quebrei nada, só bati a cabeça no chão com força e fiquei ralado do asfalto. Eu estava todo ensangüentado e ela perguntou para quem avisar. Ela tentava ligar para a minha mulher e não conseguia, só dava caixa postal. Tentou então ligar para meu gerente que trabalhava na área e conseguiu falar com ele, em três minutos ele chegou. Os dois policiais não estavam preocupados comigo, só estavam me guardando. Meu amigo chegou dando ordens e mandando me levar ao hospital, eu já estava bem fraco, sangrando muito. Como ele estava de terno e gravata conseguiu intimidar os guardas. A moça ainda colocou um bilhete no meu bolso com seu nome e telefone, para qualquer coisa que eu precisasse, um verdadeiro anjo da guarda. Me colocaram na viatura e me levaram para o Hospital São Luis, que atende o meu convênio. Meu amigo precisou ficar lá, esperando a outra viatura chegar.

Entrei direto para a emergência, eles arrancaram toda a minha roupa e começaram o processo de limpeza dos ferimentos, contaminados com pólvora e sujeira do asfalto. Os medicamentos me deixaram entorpecido, mas eu só queria ver minha mulher. Quando ela chegou não conseguiu me ver, só quando eu voltei da cirurgia, e aí já era meia-noite. A coisa tinha começado na hora do almoço! Eram muitos policiais dentro do hospital, eles queriam o projétil que havia ficado na minha perna como prova de que a polícia tinha me acertado. Nos dias seguintes, muitos deles passaram pelo meu quarto para se certificarem de que eu não ia processá-los. Depois eu soube que a fuga continuou e os bandidos conseguiram driblar muitas viaturas até o

Brooklin, onde trocaram de carro. O motorista jogou o amigo no PS de Santo Amaro e fugiu; ele morreu após quinze dias, pois não resistiu aos quatro tiros. O outro sumiu. O processo vai completar dois anos agora e ainda não terminou.

Fiquei internado por cera de dez dias e saí seqüelado física e psicologicamente. Comecei a questionar tudo, a sociedade, a conduta, a família. Comecei a eleger prioridades para tentar consertar tudo. Fui para casa e minha mãe ficou comigo, minha esposa trabalhava e não podia cuidar de mim. Fiquei praticamente trinta dias deitado, imobilizado. Recebia muitas visitas, mas tinha raiva quando falavam que ainda bem que foi só no joelho. Eu sofri várias cirurgias, meu fêmur foi estilhaçado, ando até hoje de bengala. Quando as visitas escassearam, comecei a ter muitos problemas. Meu filho tinha 15 anos e eu comecei a não querer que ele saísse de casa. Mandei ele trocar de celular. Afetou minha esposa também, ligava várias vezes para controlá-la e não queria deixá-la trabalhar mais. Eu estava tentando trancá-los dentro da minha paranóia! Minha cabeça não parava de pensar em desgraça. Como eu estava dentro de casa, transferia meu medo para quem estava no mundo lá fora. Meu carro foi dado como perdido, com vinte furos de bala. Quando minha mãe foi vê-lo na delegacia, ainda achou meus cartões e o papel da senha entre o banco e a porta, caídos.

Meu estado começou a me chamar a atenção, percebi que estava cada vez mais chato, irritante. Não incomodava só à minha família, mas a mim também. Assistia muito à televisão e virei um telespectador contumaz. Um dia vi o doutor Eduardo Ferreira-Santos na TV Cultura, falando sobre o serviço que prestava no HC às vítimas de seqüestro. Não posso deixar de dizer que para mim a psiquiatria era coisa de gente louca. As pessoas falavam que eu precisava de terapia e eu dizia que não, que estava bem e ia superar. Só que eu não melhorava, percebi que estava perdendo. Eu lutava para ir dormir, só pensava besteira, não voltei a trabalhar, meu dia-a-dia era só televisão e Internet. Depois vim a saber que estava com diabetes; tinha histórico familiar e o emocional ajudou a eclodir o problema. Acabei indo ao hospital contra a vontade, só porque realmente precisava de ajuda. No dia em que saí de casa pela primeira vez foi um pesadelo, aquela gente toda nas ruas me deu pavor. Fui diagnosticado como tendo o transtorno de estresse pós-traumático e iniciei a psicoterapia em grupo, fiz quinze sessões. Melhorei muito, tudo se tornou mais claro e pude ver que não estava sozinho. Tem uma moça lá que ficou 72 dias em cativeiro! Apesar de tudo que sofri em termos de danos físicos, nunca perdi o referencial, a consciência do que me aconteceu.

Hoje meu dia-a-dia se limita às tarefas da minha casa, manutenção, jardinagem, pintura. Quero ir embora para a praia, acho que é mais seguro. Minha vida mudou completamente, sou outra pessoa. Mudei de bairro, de casa. Não tenho mais condições de trabalhar, estou lutando para me aposentar. Meus amigos da empresa sumiram, eu também nunca mais consegui voltar. Meu objetivo hoje é conseguir comprar um apartamento na praia e me mudar para lá, minha esposa trabalha há 36 anos e eu acho que já é hora de parar. Meu relacionamento com ela melhorou, havia reatado meu casamento em 2003, após uma rápida separação, e estávamos em um bom momento, um processo de reconstrução. O acontecido nos uniu ainda mais. Hoje ainda tenho muito medo; por exemplo, motocicleta é uma coisa que me apavora. Dirijo muito pouco por causa da minha perna, só faço percursos curtos e nunca saio de São Bernardo. Consegui dominar a ansiedade em relação ao meu filho e à minha esposa, deixei de controlá-los, mas ainda tenho muitos problemas para dormir. O bonito é que resgatamos o café-da-manhã e o jantar juntos, em família. Até hoje tenho contato com aquela moça, o anjo da guarda que me ajudou. Não penso nos seqüestradores, sou espírita e acredito que, se a gente não paga aqui, tem todo um percurso pra tentar melhorar em outra dimensão.

SOBREVIVENTE DO TERROR
S. K. M., 22 anos, estudante, vítima de seqüestro com cativeiro.

Fiquei por 20 dias em cativeiro e foram os piores da minha vida. Na noite de 10 de maio de 2005, peguei o carro da minha mãe emprestado, uma perua Mitsubishi, para ir buscar meu namorado na faculdade. Fazia mais de uma semana que eu não o via e íamos sair para comemorar as provas finais. Como era meio de semana e não podia voltar tarde, acabamos comprando umas cervejas e fomos para a Praça do Pôr do Sol, no bairro Alto de Pinheiros, em São Paulo. Olha que coisa, meu Fiesta estava com a lanterna queimada e eu não quis sair com ele. Lá na praça não saímos do carro, estava frio. Eu estava no telefone, falando com uma amiga, e um cara bateu na janela. Eu não entendi nada do que ele estava dizendo; quando virei para ver se meu namorado estava entendendo, vi um cara com uma metralhadora apontada para ele. Demos "sopa" e eles nos pegaram, não foi coisa combinada antes. Na hora eles tinham certeza que eu morava na casa em frente, eu jurava que não. Agora me diz: por que eu ia ficar na frente e não dentro da casa se fosse lá? Acho que eles eram meio amadores em algumas coisas que fizeram.

Tiraram a gente do meu carro e colocaram no carro de trás, deitados no banco. Eram quatro e estavam todos armados. Foram três com a gente, um deles sentado em cima de nós no banco de trás, e o último ainda ficou lá com meu carro. Eu fiquei rezando, desesperada, meio em pânico e sem conseguir respirar. Enfim entramos em uma rua de terra e chegamos no cativeiro, senti pelos solavancos, já que tínhamos de ficar com a cabeça coberta. Começaram a fazer muitas perguntas e confirmaram que era um seqüestro. Eu sou classe média, meu pai é engenheiro e minha mãe, professora. Meu namorado, coitado, mora em São Miguel Paulista, um bairro bem pobre. Eles não acreditavam. Mas a gente insistiu tanto que eles se convenceram e decidiram liberar ele. Como não sabia meu telefone de cor, a gente hoje em dia grava tudo no celular, ele só conseguiu avisar minha família às quatro horas da manhã, eles já estavam preocupados.

Enquanto isso, o cara que ficou lá tomando conta de mim me estuprou no cativeiro. Ele tirou minha roupa, queria saber se eu tinha algum chip implantado no corpo. Eu implorava: "Pelo amor de Deus, moço, não faz isso!" Ele falava que não ia me maltratar. Era noite e eu estava encapuzada, em cima de um colchão imundo no chão. O lugar era muito úmido, algo como uma garagem. Eu fiquei ali me abraçando, além de estar frio eu não queria ficar pelada na frente dele. Ele perguntava por que eu estava me escondendo e eu dizia que estava com frio, se podia pôr a minha roupa de volta. Ele disse que não, que eu ia fazer amor com ele. Eu disse: "Não moço, por favor, não faz isso!" Ele perguntou se eu queria morrer e eu disse que sim, que preferia morrer a fazer isso com ele. Aí ele colocou a arma na minha cabeça, engatilhou e perguntou qual seria meu último pedido. Eu respondi que era ele não fazer isso comigo. Aí ele me colocou de quatro, me virou para a parede e me estuprou, foi sexo anal. Aí depois que ele foi embora eu coloquei a roupa toda, estava besta ainda, e caí no sono muito rápido graças a Deus. Lembro que pensei que quanto mais eu conseguisse dormir seria melhor para mim, porque é tanta angústia, é um desespero que você não faz idéia. Só dormindo mesmo. Eu demorei muito tempo para estruturar isso na minha cabeça, de tão violento que é isso.

Eu não gosto de ser tratada com pena, de ficar nesse papel de vítima, então eu não sabia como reagir quando voltei, só tinha raiva, muita raiva de tudo. Esse cara saiu no segundo dia e eu não tive de encarar ele. No dia seguinte me levaram sabonete e toalha, eu tomei banho e apareceram os dois que ficaram comigo até o final do seqüestro. Eu apelidei eles de Tico e Teco, de tão bobos que eram, ficavam brigando entre si à toa, brincando de dar socos, dois panacas. Brigavam para ver quem ia fazer meu almoço e, com o tempo, eu percebi que eles não sabiam ler nem escrever. Eu não conseguia comer direito de nervoso e também porque eu não queria fazer xixi nem cocô, eu só queria dormir e acordar no dia de ir embora. No início eu só comia fruta, hoje nem posso ver laranja. Aliás, hoje eu não consigo comer várias coisas que comia lá, tipo sardinha, fígado, laranja, pizza... Eu pedi coisas para ler, ficar sem fazer nada é a pior parte. Eles demoraram uma semana para ligar para o meu pai, as notícias eram poucas.

Depois eu aprendi com a polícia que quem fica tomando conta do cativeiro é a ralé da quadrilha. A elite negocia e nunca vai contar tudo para os do cativeiro, eles trabalham juntos e um desconfia do outro a todo instante. Bom, eu pedi algo para ler e eles me trouxeram revistas *Quatro Rodas*. Aí chegou uma hora que eu não agüentava mais aquele assunto e comecei a fazer dobraduras com as folhas. Eu sei fazer uns passarinhos de papel e demora um tempão, eu fiz um monte! Eles passaram a me achar muito inteligente por saber fazer aquilo, queriam que eu ensinasse. Sendo que, assim, toda vez que eles entravam eu tinha que ficar embaixo das cobertas. Aí eu dava de presente para eles. Eu pedia qualquer coisa para ler, qualquer coisa! Eles me trouxeram uns livros de primeira série, de história e matemática. Eu estava pensando em pedir cruzadinhas, mas aí eles iam me achar muito inteligente e desconfiar de mim. Eu queria escrever todas as minhas angústias, mas não queria me expor. Aí eu ficava escrevendo letra de música, olha que loucura, eu comecei a pintar todas as bolinhas da letra "o", depois do "q" e por aí afora.

No meio do tempo de cativeiro, lá pelo décimo dia, eles me acordaram e mandaram levantar e colocar o tênis porque eu ia embora dali. Eu tive medo de perguntar se ia para casa e perguntei: "Eu vou embora para um lugar melhor?" Eles disseram que não sabiam. Eles me vendaram, me colocaram dentro de um carro bem velho e cinco minutos depois nós chegamos ao segundo cativeiro. O primeiro local era profissional, tinha câmera, não tinha janela, era um espaço com banheiro, feito para aquilo. Essa era uma casa que nem tinha sido adaptada, as janelas ficavam fechadas e eu tinha que ficar em silêncio absoluto durante o dia.

O dono era um cara chamado Magrão, ele saía de manhã para trabalhar e voltava à noite, os dois panacas ficavam comigo. Esse cara não tinha nada de Magrão, ele era grande, enorme, e me obrigava a dormir com ele todas as noites na mesma cama. E era uma cama de solteiro, era superapertada e eu pedia para dormir no chão. Só que estava muito frio e ele dizia que não queria que eu pegasse uma pneumonia. Eu não podia me mexer, qualquer coisinha a cama rangia, era velha, e eu queria evitar ao máximo encostar nele. Fiquei podre no ombro por muito tempo, por conta da posição. Eu não dormia nada, só de dia. Nessa casa também não dava para tomar banho, tinha de pedir para ir ao banheiro sempre que apertasse.

O Tico e o Teco tomavam conta de mim, já estava faltando grana e a comida era mais escassa, eles estavam ficando de mau humor. Era uma casinha de barro, parecia uma estrebaria. Fiquei mais dez dias em cima daquela cama, depois de quatro dias esse Magrão começou a passar a mão em mim direto, me abusava à noite. No dia seguinte os dois palermas me perguntavam o que ele tinha feito, o que ele tinha falado. Eu ficava quieta, não sabia em quem confiar. Mas eu tinha muito medo quando começava a cair a tarde, eu sabia que ele ia chegar; por outro lado, esperava a sua vinda pois ele me dava notícias do meu pai... Eu percebi que ele era mais inteirado no assunto do que os outros dois. Teve um dia que ele chegou e disse: "Chega, eu não agüento mais! Eu não fico com você nem mais um dia! Esse dinheiro é muito pouco pra mim, não vale a pena. Você vai embora para outro cativeiro e, se aqui você acha que eu não te trato bem, você vai ver lá o que vai acontecer!" Aí eu desesperei, mais um cativeiro eu não ia agüentar. Vai saber se o estuprador ia estar lá, aí fiquei na dúvida se o Magrão era o que tinha me estuprado ou não. Sei lá. Eu pedi a ele para não fazer isso, ele disse que eles nunca tinham me tratado mal... Aí eu não agüentei, tomei coragem e contei pra ele do estupro do primeiro dia. Ele ficou possesso, disse que eu ia embora pra casa e que ele estava fora daquilo.

Depois de três dias eu fui libertada. Eu acho que só sobrevivi nos últimos tempos ali porque eles me diziam que eu ia sair, era tudo com a luz apagada, nada para fazer. A sorte é que eu não dormia à noite, por causa do medo de ele me abusar, e passava o dia todo dormindo, passava mais rápido. Mas o horrível é você saber que vai acontecer, que ele vai chegar e fazer isso noite após noite. Ele me contava do meu pai, que tinha ligado pra ele e conversado. Eles me fizeram escrever uma carta para minha família, provando que estava viva. Escrevi mencionando cada um deles e dizendo o quanto eu os amava, para eles não ficarem tão preocupados porque eu estava bem e aquilo tudo ia acabar. Depois o bandido me perguntou o que eu tinha escrito, se tinha posto isso, aquilo, aí me liguei que ele não sabia ler. Mas eu não podia arriscar de colocar alguma pista, não tinha certeza se alguém mais ia ver. No dia 30 eles me acordaram e me mandaram sair, mas deve ter dado algum enrosco porque no meio do caminho para a rua me fizeram voltar, tinha um barulhão lá fora. Aí mais tarde me colocaram em um carro e me liberaram em uma estrada, iam o caminho todo dizendo para eu não olhar para trás, para não dar bandeira.

Eu nunca quis ver o rosto deles, se eu quisesse poderia ter visto o do cara que dormia comigo, mas não quis. Eu não queria sonhar com aqueles rostos, ver na rua alguém parecido e associar, entendeu? Graças a Deus o lugar em que eles me largaram tinha uma empresa. Eram quatro horas da manhã e eu falei pro guardinha que precisava usar o telefone, para ele me ajudar. Ele ficou muito assustado e não me deixou entrar, tinha normas de segurança na empresa. Mas me emprestou o celular dele e eu não conseguia ligar certo, eu estava no Embu e o código da chamada era diferente. Ele me ajudou, eu liguei para a minha casa e meu pai atendeu. Eu só chorava, nem conseguia falar. Aí o guardinha explicou para ele onde eu estava. E o medo de o policial que foi me buscar ser um bandido? Só que meu pai já tinha falado por telefone o nome dele e ele chegou falando o meu nome. Eu não queria falar nada para ninguém, porque eles te botam medo durante todo o seqüestro, dizem que sabem onde você mora, sabem da sua família, depois voltam para te apanhar...

Quando cheguei em casa, todos estavam na porta chorando e me esperando, nem consegui sair do elevador. Eu achava estranho que minha irmã pegava o celular para ligar para todos e contar que eu tinha voltado, era o hábito de deixar a linha [do telefone fixo] desocupada. E eu não estava nesse esquema, demorei um pouco para assimilar. Meu pai tinha anotado tudo que acontecia em um caderno que era meu, minha mãe montou um altar com santos no meu quarto, a casa ficou com uma nova rotina, muito louca. Todos os membros da minha família estavam tomando remédio para dormir, Lexotan, isso nunca tinha acontecido lá em casa. Quando você vê o tamanho da coisa, o quanto mexe com todos os que te amam, dá muita raiva. Porque, quando você fica no cativeiro por muito tempo, acaba se adaptando, os dias passam e tudo bem, fazer o quê? Quando é com você o controle é seu, você sabe que tem de lidar com isso. Mas aqui fora as coisas estavam péssimas, a família desmoronando.

Em casa tomei um banho de mais de uma hora, cortei as unhas, me depilei... Tinha ficado com a mesma calcinha os vinte dias, tinha menstruado no meio da coisa, mas a calcinha eu não tirava. Não queria lavar e deixar no banheiro que todos usavam. Tinha nojo, mas o medo de ficar sem ela era mais forte. Depois que fui solta, de cara já sabia que ia precisar de ajuda. Ainda no cativeiro já estava planejando meu tratamento, que ia ligar para uma tinha minha que é psiquiatra e pedir ajuda. Bom, como seqüelas tive de tudo: medo intenso, ataques de choro, incapacidade de continuar estudando, concentração baixa, dificuldades com o sono. Eu acordava todas as noites no horário em que fui seqüestrada, às 22 horas, e demorava para voltar a dormir. Agora nunca durmo antes da meia-noite. Demorei muito tempo para ter coragem de sair na rua, dar uma volta com o cachorro. O namoro acabou, ele me via e só chorava, ficou muito mal por ter me deixado lá.

Eu nem falei para ele do estupro logo no início, eu não conseguia falar disso com ninguém.

Hoje sou outra pessoa, com certeza, e ainda estou descobrindo a nova S. Estou aprendendo a conviver com minhas limitações, elas são muitas. Em casa não é a mesma coisa, sou tratada diferente, sou muito o centro das atenções. Se meu celular cai na caixa postal, eu tomo bronca. Perdi meu namorado, a gente não agüentou a pressão. Minha vida deu uma parada, larguei a faculdade, engordei muito por pura ansiedade. Acho que tem muitas coisas que eu gostaria de voltar a ser; por exemplo, eu acreditava mais nas pessoas. Fui diagnosticada com o transtorno de estresse pós-traumático, tomo antidepressivos e ansiolíticos. Este mês eu busquei meu último exame de HIV. Isso é muito triste para uma menina de apenas 22 anos. De repente não tenho mais fé de que sou capaz de fazer as coisas. Ainda não descobri o que vou fazer com tudo isso, isso vem aos poucos com a terapia. Estou batalhando. No momento só quero viver em paz. Até hoje não teve um dia em que eu não lembrei vividamente e com detalhes o que me aconteceu. Sempre tive fé de que vou superar isso, mas quando estou muito mal eu não acredito em mais nada. Nunca mais vai ser a mesma coisa, mas vale a pena tentar.

POR QUE EU? (CARTA ENVIADA AO GORIP)

C. S. G., 28 anos, comerciante, vítima de seqüestro relâmpago.

Saí de São Paulo (Praça da Árvore) para morar em Londrina e evitar a violência de São Paulo, mas o que aconteceu? Eu e meu marido passamos por um seqüestro nem tão relâmpago assim, aqui em Londrina, Paraná.

Conversei com meus pais e meu irmão, mas eles não entendem a diferença entre um assalto rápido, de levar o que se tem na hora, e ficar *uma hora* rodando de carro, sendo ameaçada o tempo todo e só pensar no filho que completa 3 anos dentro de poucos dias!

Gostaria de estar contando cada detalhe para desabafar com alguém que entenda do assunto. Temos uma loja de presentes aqui em Londrina. Saímos da loja, passamos num supermercado pra comprar leite e suco pro nosso filho. Meu marido passou em uma agência bancária para fazer o depósito do dia e também pagar umas contas. Ao sair (umas dezenove horas), um casal apareceu "do nada" e avisou que era um assalto, pra entrar logo no carro e colocar o cinto de segurança. Disse pra não olhar pra eles, que estavam armados. Queria saber quanto o meu marido havia retirado. Disse que foi depósito.

Perguntaram de quanto, foi quatrocentos reais. Falou pra dar a volta e retirar o dinheiro. Só que, no que demos a volta, tinha dois seguranças de moto e pensaram que era a polícia, então mandaram ir pra outra agência Bradesco. Passamos o número da senha. Falou que, se fosse falso, alguém iria morrer. A mulher foi sozinha. Só pedia a Deus que eu pudesse ver de novo meu filho. Ela demorou e voltou sem o dinheiro. O cartão foi bloqueado, pois ela digitou a senha errada. Quando pensei que acabaria, na verdade estava só começando.... Ficaram bravos, dissemos que *ela* errou ao ir sozinha e digitar a senha errada. Queriam procurar outra agência, explicamos que não adiantaria, uma vez bloquea-da. Disse que poderia passar no Itaú, onde tenho conta, mas que não tinha dinheiro e poderia tentar sacar o limite. O limite estava bloqueado. Havia 24 reais na minha conta e ela não quis.

Entre ouvir ameaças, pensar no meu filho, ser insultada, o vi cutucar o revolver no meu marido, quase arrancou meu dedo por causa de uma aliança. Achavam que japonês é cheio da grana, que japonês é racista. "Como não tem celular? Todo mundo tem!" Nem eu nem meu marido estávamos com o celular. O ladrão queria fumar, não tinha o acendedor no carro, queria rádio, o carro não tem, o que fizemos? Falamos da loja, que tinha uns cinqüenta reais e mercadoria.

Falaram pra deixarem eles no terminal de ônibus, mas na última hora decidiram ir à loja. Ela me levou um cobertor que vale quinhentos reais, umas outras coisas e o dinheiro do caixa. Deixamos eles onde pediram e na última hora pediu para o meu marido tirar o sapato. Ela levou a minha bolsa, mas deixou todos os documentos.

Quando cheguei em casa abracei o meu filho, e a babá não sabia o que dizer. (Ela trabalha com o tio vendendo lanche depois que sai de casa. Fica até meia-noite.) Fomos pra delegacia fazer o BO, pois levaram mercadoria da loja, RG do meu marido e o cartão de crédito dele. Depois de esperar um tempão na delegacia, fomos tomar um lanche onde a babá do meu filho trabalha. Pessoal muito bacana e acolhedor. Comemos "fiado". Voltamos pra casa. Ela (a babá) liga e diz que o entregador de lanche vai passar em casa e deixar cinqüenta reais para caso de emergência.

Sabe o que penso agora? Depois de quase uma semana do ocorrido?

- Por que nós?
- Saí de SP pra "fugir" disso.
- Poderia ter acontecido pior!
- E se não tivéssemos falado da loja? Pois agora podem encontrar a gente.
- Como se pode falar que o cobertor não vale nada se tento vender com sacrifício e é uma festa quando vendemos, pois vale 598 reais?
- O sapato do meu marido nem está pago ainda.
- Um descaso da polícia, pois estamos frágeis e precisamos esperar simplesmente pra fazer um BO e só! Nem sequer olhavam para nós direito.
- Vontade de ir pro Japão.
- Se eles soubessem as contas que temos pra pagar!
- Que conforto ter uma babá tão legal!
- É fácil para as pessoas dizerem "Com o tempo passa", "Por que foram no banco a essa hora?", "Vocês foram imprudentes!"

Parece que ninguém entende nossa angústia e nosso medo. Sentimo-nos muito sós e mal conseguimos nos consolar um ao outro. Estamos ambos "traumatizados"! Eu e meu marido estamos completamente desorientados. Temos medo de tudo e de todos. Há dias que não conseguimos dormir direito. O que fazer? O desespero e a desesperança tomaram conta de nós. Somos, agora, reféns do nosso próprio medo!

2. Transtorno de estresse pós-traumático em vítimas de seqüestro (TEPT)

ASPECTOS HISTÓRICOS E CONCEITUAIS

Neste capítulo, serão discutidos inicialmente dois conceitos que despertam acalorada discussão toda vez que são abordados: estresse e trauma.

Em 1936, Hans Selye, médico endocrinologista e pesquisador austríaco radicado em Montreal, no Canadá, empregou pela primeira vez na medicina a palavra inglesa *stress* para caracterizar qualquer agente ou estímulo, nocivo ou benéfico, capaz de desencadear no organismo mecanismos neuroendócrinos de adaptação (Schott, 1993).

O termo fora originalmente utilizado na física para traduzir o grau de deformidade sofrido por um material quando submetido a esforço ou tensão. De acordo com a etimologia, a palavra *stress* apresenta diversas origens, desde o latim *strictus,* que tem o significado de "estreito, apertado", até as palavras do francês antigo *estresse*, que significa "estreitamento, aperto", e *destrece*, que significa "angústia, preocupação". Em português tem sido proposta a tradução de *stress* para "estrição" (ou "estricção"), palavra que já existia antes da descrição da síndrome por Seyle e provém do latim *strictus*. Na oitava edição do *Dicionário de termos médicos*, de Pedro Pinto, publicado em 1962, o verbete "estrição" é descrito como pressão interna ou externa que influi em modificações das síndromes de adaptação.

Os principais dicionários brasileiros dão preferência à versão aportuguesada do termo, "estresse", definida por Houaiss como: "Estado gerado pela percepção de estímulos que provocam excitação emocional e, ao perturbarem a homeostasia, levam o organismo a disparar um processo de adaptação caracterizado pelo aumento da secreção de adrenalina, com várias conseqüências sistêmicas". Há, no entanto, no meio psiquiátrico, inconsistência na definição desse termo; ora é usado como agente causador de um transtorno, ora como resposta ao agente traumático externo.[4]

Se já são grandes os problemas da vida cotidiana, como casamento, separação, doenças, cuidado com os filhos, disputas no/por trabalho, conflitos familiares de várias ordens, problemas sociais e econômicos, ainda estamos mergulhados em um mundo cruel e violento, marcado por agentes estressores de toda espécie – desde variações climáticas até violência urbana. O contato com cenas e situações de intenso impacto emocional acontece com freqüência, se não diretamente, por meio de informações que recebemos por Internet e Televisão. A morte, a violência, a destruição, as guerras, os ataques terroristas, as populações inteiras em países devastados pela miséria e pela desordem político-social, as epidemias assustadoras, a discórdia, os ambientes competitivos, enfim, os conflitos de toda ordem têm tomado uma dimensão extraordinária em nosso dia-a-dia. Isso faz que se constitua um "estado de alerta" na maioria das pessoas, que se vêem ameaçadas e tendem a desenvolver uma série de mecanismos de defesa, reais e psicológicos, contra toda essa agressão.

Há, no entanto, evidências psiquiátricas, já há muito tempo assinaladas, demonstrando o impacto nocivo desses "agentes es-

---

4 Na *CID-10* (décima revisão do *Código Internacional de Doenças*) está descrito, sob o código F 43.0: "Reação Aguda ao Estresse", como se o agente causador da reação psiquiátrica de ansiedade e angústia fosse o estresse externo, diagnóstico que é equivalente ao que expressa o *DSM-IV* (quarta revisão do *Manual Diagnóstico e Estatístico de Transtornos Mentais*), no código 308.3: "Transtorno de Estresse Agudo", no qual o estresse é a resposta psíquica a um agente traumático externo.

TRANSTORNO DE ESTRESSE PÓS-TRAUMÁTICO EM VÍTIMAS DE SEQÜESTRO

tressores" no comportamento humano. Ao fim e ao cabo, fica-se com a noção de que o estresse corresponde a uma relação entre o indivíduo e o meio. Trata-se, portanto, de uma agressão e uma reação, de uma interação entre a agressão e a resposta, como propôs Selye em sua obra publicada em 1950, *The physiology and pathology of exposure to stress (apud* Morton, 1983). Selye deixa claro, ainda, que o estresse fisiológico é uma adaptação normal, mas ressalta o fato de indivíduos mal-adaptados (pessoas cujo desenvolvimento psicossocial é marcado por crenças e esquemas disfuncionais, isto é, não adaptados à realidade) poderem apresentar respostas patológicas que ocasionem uma disfunção, agravando alguns distúrbios preexistentes ou desencadeando outros para os quais a pessoa seja geneticamente predisposta.

Em pronunciamento de 1988, realizado em um congresso na cidade de Munique, Selye afirma que "o estresse é o resultado de o homem criar uma civilização que ele, o próprio homem, não mais consegue suportar"*(apud* Bernik, 1997). Devido às inúmeras situações adversas que o homem contemporâneo é obrigado a enfrentar, Bernik (1997) caracteriza o estresse como "a doença do terceiro milênio".[5]

Um dos primeiros artigos sobre trauma publicados na literatura médica foi o do cirurgião inglês John Eric Erichsen, em 1866, que atentou para o fato de que anormalidades psicológicas poderiam ser atribuídas a acidentes ferroviários, uma vez que, após sofrê-los, os pacientes passavam a apresentar sintomas de fadiga, ansiedade, déficit de memória, irritabilidade, pesadelos, distúrbios no sono, zumbido no ouvido e dores nas pernas e nos braços. Ele atribuiu tais sintomas a "microtraumas" na medula espinal e criou o conceito de *railroad spine syndrome* ["síndrome espinal da ferrovia"]. Vários outros cirurgiões discordaram desse conceito,

---

5 Para uma idéia mais ampla dos "pequenos traumas" de nosso dia-a-dia, sugiro a leitura do artigo "O trauma do cotidiano", de Aloysio D'Abreu, apresentado no 44º Congresso Internacional de Psicanálise, realizado no Rio de Janeiro em julho de 2005. Disponível em: <http://www.abp.org.br/aloysio_ipa.ppt>. Acesso em: jul. 2007.

mas Oppenheim, em sua monografia de 1889, cunhou o termo "neuroses traumáticas" e atribuiu tal quadro a lesões cerebrais. O termo "trauma", que até então havia sido utilizado exclusivamente na cirurgia, é introduzido na psiquiatria.

Enquanto isso, uma diferente linha de pesquisa era desenvolvida na França por Jean-Martin Charcot (*apud* Lamprecht e Sack, 2002) e dois de seus principais discípulos: Pierre Janet e Sigmund Freud. Após seu estágio com Charcot em Paris (entre outubro de 1885 e março de 1886, num total de 19 semanas), Freud volta para Viena encantado com a idéia de que poderia haver um local na mente (o inconsciente) que registraria experiências desagradáveis (os traumas) que desencadeariam as neuroses, principalmente a histeria. Em 1920, no artigo "Além do princípio do prazer", Freud (1920/1980) já afirmava:

> Descrevemos como "traumáticas" quaisquer excitações provindas de fora que sejam suficientemente poderosas para atravessar o escudo protetor. Parece-me que o conceito de trauma implica necessariamente uma conexão desse tipo com uma ruptura numa barreira sob outros aspectos eficaz contra os estímulos. Um acontecimento como um trauma externo está destinado a provocar um distúrbio em grande escala no funcionamento da energia do organismo e a colocar em movimento todas as medidas defensivas possíveis.

Na apresentação do conceito de trauma, não se pode deixar de mencionar Sándor Ferenczi, que coloca em relevo a intensidade física e psíquica do evento traumático, bem como o estrago que este provoca no eu do sujeito, endossando a idéia de neurose traumática e privilegiando o *desmentido* (a negação pelo adulto do que aconteceu com a criança) como poderosa força traumática. Donald Woods Winnicott, por sua vez, afirma que o trauma surge como fator etiológico ligado a diferentes momentos do desenvolvimento e a falhas do ambiente (entendendo-se por ambiente o bebê e sua mãe).

Para uma conceituação clara e precisa desse termo, portanto, é preferível chamar de *agentes estressores* as situações que caracterizam o trauma e de *estresse* a resposta do organismo físico e/ou psíquico ao evento traumático.

Mesmo antes de a psiquiatria tomar o rumo classificatório desenvolvido pela American Psychiatric Association (APA), a psiquiatria fenomenológica já assinalava os distúrbios psicológicos ou psiquiátricos originados por acontecimentos reais (chamando-os de "reações patológicas"), como afirmava Jaspers (1977, p. 447):

> O conceito de Reação Patológica tem uma parte compreensível (vivência e conteúdo), uma parte causal (alteração no extraconsciente) e uma parte de prognóstico (esta alteração é passageira). Ainda que possa ser anulada a momentânea transposição em um estado anormal (em especial depois do desaparecimento dos fatos de perturbação) produzindo-se a cura em seguida, existe sem dúvida uma repercussão graças à estreita ligação da vivência e personalidade pela repetição e somação das vivências...

O mérito pela formulação de uma teoria da crise, entendida como reação patológica e como estrutura específica, cabe a Erich Lindemann e Gerald Caplan. O clássico trabalho de Lindemann (1944) a respeito dos tipos de resposta de luto apresentados por parentes de pessoas mortas em um grande incêndio em um clube noturno de Boston, em 1941, serviu de base para que numerosos estudiosos do tema se pusessem a refletir e, anos mais tarde, a consolidar o diagnóstico de transtorno de estresse pós-traumático. É importante também registrar a contribuição de Erik Erikson para o conceito de "crises de desenvolvimento", que envolvem principalmente a infância e a adolescência. E o que é uma crise? Paul Tillich define esse estado como "a travessia do inferno" e Jean Montaurier como "a passagem pelo fogo". Gerald F. Jacobson (1979), ao citar Gerald Caplan, define crise como um estado em que a pessoa, colocada diante de um obstáculo (que, para Jacobson, é o próprio trauma) para atingir uma meta de sua vida – ou mesmo para seguir adiante na trajetória normal de seu cotidiano –, vê-se repentinamente paralisada. Essa paralisação, segundo Caplan, decorre da impossibilidade de transpor tal obstáculo com o uso de métodos costumeiros para a resolução de problemas. A um período de desorganização, segue-se um período de "transtorno" – a própria crise –, durante o qual os mais diferentes esforços mostram-se insatisfatórios para a solução do problema. Eventualmente algum tipo de adaptação pode ser executado, com melhores ou piores resultados para a pessoa.

Por outro lado, o obstáculo é também definido por Jacobson como um evento que ameaça um equilíbrio psicológico previamente existente. Esse evento pode estar relacionado com mudanças no meio ambiente físico (por exemplo, um desastre natural), na esfera socioafetiva (por exemplo, a perda de uma pessoa significativa), na esfera biológica (por exemplo, uma doença incurável ou de difícil tratamento) ou na esfera evolutiva (por exemplo, a adolescência, a menopausa etc.). A ansiedade surge não como um obstáculo, mas sim como resultante da situação de conflito que se instalou. Esse fator é bastante relevante, pois um obstáculo só pode resultar numa crise quando dificulta uma ação adequada de resposta ao problema. A crise é um fenômeno de duração limitada, com resultado não predeterminado em seu início. Tal resultado pode ter papel determinante para o futuro reajustamento e o bem-estar da pessoa.

Jacobson faz a analogia de uma crise psicológica com uma crise de pneumonia antes da descoberta dos antibióticos, dizendo que esta durava alguns dias, ao final dos quais ou o paciente se recuperava ou morria. Com o advento da antibioticoterapia e, analogamente, da psicoterapia e da farmacoterapia, podemos esperar uma melhora mais rápida, segura e com menos riscos de seqüelas para as crises de pneumonia. Isso porque, no enfrentamento de uma situação de crise, a pessoa pode passar a fazer uso de mecanismos de defesa inadaptados, os quais dão origem a uma organização interna deficiente, fato que leva ao surgimento ou ao agravamento de uma disfunção psicológica. Neste exemplo, Jacobson quer demonstrar que, se dispomos de meios adequados para tratar um problema, ele será mais facilmente resolvido do que se deixarmos que sua resolução se dê ao acaso.

No *Dicionário Houaiss da língua portuguesa*, encontra-se a seguinte análise etimológica da palavra "crise":

> latim *crìsis,is* "momento de decisão, de mudança súbita, crise (usada especialmente com acepções da medicina)", do grego *krísis,eós* "ação ou faculdade de distinguir, decisão", por extensão "momento decisivo, difícil", derivada do verbo grego *krínó* "separar, decidir, julgar".

É extremamente interessante observar que o ideograma chinês que representa a palavra "crise" é formado pela combinação pictográfica de "perigo" e "oportunidade". Tal fato permite perceber as duas alternativas possíveis para o momento seguinte à saída da crise: a recuperação total, com a incorporação da experiência e conseqüentemente um fortalecimento; ou o fracasso e o conseqüente agravamento do estado psíquico.

Um ponto importante a ser abordado é o que diz respeito ao tipo de crise. Diversos autores, entre eles Erik Erikson, fazem uma apresentação e uma distinção entre dois tipos de crise: as "crises acidentais" e as "crises de desenvolvimento". No primeiro grupo, estão as crises desencadeadas por acidentes ou incidentes claros e inequívocos, como a perda, o luto, a modificação do estado civil, alguma tragédia coletiva (por exemplo, guerras ou revoluções), um exame classificatório etc. No segundo grupo, estão as crises que acometem as pessoas em suas diversas fases de desenvolvimento, como a adolescência, a maturidade e a senescência. As crises do segundo grupo podem ser consideradas como *situações potencialmente críticas*, e não crises propriamente ditas, pois são fases de adaptação, de aprendizagem de novos papéis e de instabilidade pela reformulação, mas constituem períodos de grande reflexão e desenvolvimento positivos.

Caplan (*apud* Lemgruber, 1984) descreveu o processo pelo qual passa um indivíduo que depara com situações problemáticas (obstáculos), discriminando-o em quatro fases:

1) *Elevação inicial da tensão* pelo estímulo que coloca em ação o elenco de respostas habituais da pessoa perante situações de ameaça.

2) *Aumento progressivo do estado de tensão* pela ineficácia dessas respostas e pela manutenção do estímulo.

3) *Mobilização de esforços* e reservas de energia que podem levar à resolução e à volta ao estado inicial de equilíbrio.

4) *Ponto de ruptura*, antecedido pelo estágio de resignação à insatisfação ou uso de distorções perspectivas perante a persistência da situação geradora de mudança de estado.

As três primeiras fases podem ser compreendidas como situações *potencialmente críticas*; e a quarta fase, como a *crise propriamente dita*, em que há falência global dos mecanismos habituais de adaptação e defesa do indivíduo.

De acordo com os estudiosos do tema, uma crise simples terminará, de um modo ou de outro, em quatro a seis semanas, em média, a contar da data do obstáculo. Uma crise de evolução pode atravessar todo o período correspondente à fase em que o indivíduo se encontra. Já uma crise mista (um trauma durante um período potencialmente crítico) tem um período de duração médio e, se não for abordada de imediato após sua detecção, tem grande chance de se tornar crônica, com o estabelecimento de um quadro neurótico estruturado. Essa situação ocorre porque, de acordo com a definição de Jacobson (1979, p. 41-2), "um estado contínuo de crise seria provavelmente incompatível com a vida".

As conseqüências (ou os resultados) da crise podem, então, variar num amplo espectro, oscilando desde a solução do problema, de acordo com a realidade ou de modo fantasioso (adiando, na verdade, sua resolução), até as manifestações neuróticas ou mesmo psicóticas que abrangem a possibilidade de suicídio ou a incapacidade física em razão de doenças psicossomáticas graves e limitantes.

Estudiosos têm compilado listas de eventos com potencial maior para se tornarem desencadeantes de crise (ou seja, obstáculos) para a maioria dos indivíduos. Entre esses acontecimentos, podem ser citados: morte de cônjuge ou filho, separação ou divórcio, morte de membro da família, prisão, enfermidade física, internação hospitalar, desemprego (há informações na imprensa leiga sobre o aumento substancial de suicídios entre os desempregados em fase de crise econômica grave), emancipação de adolescentes, casamento, nascimento de filhos, aposentadoria etc. O artigo de Holmes e Rahe sobre fatores estressantes, publicado em 1967, ainda é uma referência importante no estudo de tais manifestações psíquicas e suas implicações no desenvolvimento de doenças psicossomáticas.

Paralelamente ao estudo de situações de crise – que hoje são diagnosticadas como "reações de ajustamento" –, os trabalhos científicos provenientes da Guerra Civil Americana (1861-1865), da Primeira Guerra Mundial (1914-1918), da Guerra Civil Espanhola (1936-1939), dos acontecimentos que antecederam a Segunda Guerra Mundial e de vários outros acontecimentos bélicos de ampla repercussão que ocorreram no século XIX e início do século XX passaram a assinalar uma série de sintomas psiquiátricos que, se observados em conjunto, apareciam com freqüência nos ex-combatentes desses conflitos.[6] Essas reações, aparentemente inexplicáveis, caracterizavam-se por irritabilidade crônica, reações de sobressalto, agressões explosivas e atitudes estranhas que levavam os estudiosos a observar que as pessoas afetadas atuavam como se a situação de guerra ainda acontecesse. Um texto de 1871 de Jacob Da Costa, *On irritable heart* (*apud* Kaplan, 1997), descre-

---

6 Exemplos desses trabalhos são os livros de Juan José Lopez-Ibor (*Neurosis de guerra*, de 1942) e Abram Kardiner (*The traumatic neurosis of war*, de 1942 *apud* Kaplan, 1997).

via sintomas cardíacos autonômicos encontrados entre os soldados da Guerra Civil Americana. Na Primeira Guerra Mundial, a síndrome foi chamada de "choque de granada" (chegou-se a especular que se tratava de um transtorno neurológico causado pela explosão de bombas).

Na Europa, após a Primeira Guerra Mundial, surgiu uma acalorada discussão sobre os fenômenos que acometiam ex-combatentes. De um lado, os neurologistas alemães, liderados por Oppenheim, defendiam que as neuroses de guerra possuíam um substrato anatômico. De outro, Freud encarava tais quadros não como uma enfermidade autêntica, mas sim como um artefato sintomático apresentado pelas pessoas para se livrarem dos perigos e torturas da guerra. A discussão se amplia entre ambas as vertentes, e a nosografia se torna inesgotável: neurose, neurastenia, nervoso, neurastenia aguda, psicogênese, histeria, psicopatia, reação histérica, reação psicopática, esgotamento nervoso, psicastenia, psicopatia astênica, neurose orgânica, transtorno funcional etc.

Enquanto a discussão ocorria na Europa, os Estados Unidos voltavam seus olhos para os veteranos da Segunda Guerra Mundial, os sobreviventes dos bombardeios atômicos no Japão e os sobreviventes dos campos de concentração nazistas que apresentavam sintomas similares, ocasionalmente chamados de neurose de combate ou fadiga operacional. No início do século XX, a psicanálise exercia uma influência vigorosa e o diagnóstico de neurose traumática foi amplamente usado para essas condições. A neurose traumática envolvia provavelmente a reativação de conflitos anteriores não resolvidos que afloravam com o "relaxamento" dos mecanismos de defesa.

Freud (em texto publicado originalmente em 1919), por outra linha de pensamento que não a da "fuga" da situação belicosa, publica um artigo em que afirma que, nas neuroses traumáticas, o conflito ocorre entre o "ego pacífico" e o novo "ego guerreiro", tornando-se agudo logo que o "ego pacífico" percebe o perigo que corre de perder a vida. Freud enfatiza, ainda, a importância decisiva da intensidade dos estressores traumáticos, a ausência de "descargas" apropriadas para aliviar o ego das tensões e, complementando esse quadro, o despreparo dos indivíduos para enfrentar tais situações[7]. Em alguns dos pacientes seqüestrados tratados pelo Gorip, observamos que, no transcorrer da psicoterapia breve (Ferreira-Santos, 1997b e 1999) a que são submetidos, muitas vezes o tema central – o seqüestro – perde espaço para queixas relacionadas aos relacionamentos afetivos, nos quais eles se sentem como se tivessem sido seqüestrados por seus parceiros. Tal tema é bastante explorado por Cuschnir (2004, p. 96):

> Muitas pessoas vivem em uma situação desesperadora. Sentem-se mal e verificam que a vida está piorando, nada dá certo, o emprego é ruim, a vida sexual está péssima e o lado financeiro também. A energia está sendo contida, reprimida, desviada ou distorcida, em conseqüência do relacionamento afetivo que têm... Podemos dizer que o afeto é muito bom, mas sem exageros, invasões ou seqüestros. Senão ele traz mesmo a dependência e a pessoa pode ser tornar um verdadeiro seqüestrado emocional.

A expressão "seqüestro do ego" foi mencionada pela primeira vez em 1922, por Sandor Ferenczi, em um artigo cujo tema não era o trauma em si, mas uma patologia cerebral: a reação emocional às perdas causadas pela paralisia geral progressiva. Em 1918, o doutor Ernst Simmel, diretor de um hospital para neuróticos de guerra, publicou um trabalho no qual relatava os resultados extraordinariamente favoráveis nos casos graves de neurose de guerra tratados pela psicanálise freudiana[8]. Abram

---

7 Freud afirmava que a precondição para as neuroses de guerra é exclusiva de soldados "convocados". Segundo ele, não haveria possibilidade de ocorrer em soldados profissionais ou mercenários devido à sua preparação anterior para a luta.
8 Criado por Max Eitingon, Karl Abraham e Ernst Simmel no âmbito da policlínica chamada de Instituto Psicanalítico de Berlim, tornou-se uma referência para o movimento psicanalítico internacional e serviu de parâmetro para todos os outros institutos posteriormente criados na esfera de influência da Associação Psicanalítica Internacional.

Kardiner estudou esse tema sob uma perspectiva integradora e com base na Segunda Guerra Mundial. Ele publicou, em 1941, o livro *As neuroses traumáticas de guerra*, no qual analisa questões como a hipervigilância e a sensibilidade das vítimas diante de ameaças ambientais. Essa obra passou a ser considerada a precursora da definição do que posteriormente seria chamado de transtorno de estresse pós-traumático (Schestatsky *et al.*). A partir de então, vários estudos descreveram quadros clínicos semelhantes, nomeando-os de acordo com o agente estressor: "síndrome do campo de concentração", "trauma do estupro", "trauma da mulher espancada", "trauma da criança sexualmente abusada", além daqueles já citados anteriormente.

Tal gama de diagnósticos confusos e contraditórios, com as inúmeras nomenclaturas nosológicas que foram desenvolvidas durante toda a história da medicina e diferiam, em sua ênfase relativa, sobre a fenomenologia, a etiologia e o curso dos processos mentais como características de definição, exerciam um efeito nefasto não só na classificação dos quadros psiquiátricos, como também na metodologia de ação para sua solução. Alguns sistemas incluíam apenas um punhado de categorias diagnósticas; outros, milhares. Enfim, não havia um consenso que pudesse facilitar a classificação dos transtornos mentais – nem para seu tratamento nem para fins de estudos clínicos e estatísticos.

Após várias tentativas de se oficializar uma classificação clara e única para os transtornos mentais, foi desenvolvida pelo exército norte-americano (e modificada pela Associação dos Veteranos) uma nomenclatura com a finalidade de melhor incorporar as apresentações ambulatoriais dos homens em combate e dos veteranos da Segunda Guerra Mundial. Nessa altura, a Organização Mundial da Saúde (OMS) publica a sexta edição

---

A policlínica a ele associada tinha como finalidade tornar acessível o tratamento psicanalítico ao maior número de pessoas e, assim como o Instituto, transformou-se em modelo para as demais clínicas das sociedades psicanalíticas filiadas à Associação Psicanalítica Internacional (IPA).

da *Classificação internacional de doenças* – CID-6, que pela primeira vez incluía uma seção para os transtornos mentais, intensamente influenciada pela nomenclatura da Associação de Veteranos. Em 1952, o Comitê de Nomenclatura e Estatística da Associação Psiquiátrica Americana desenvolveu uma variação do CID-6: a primeira edição do *Manual diagnóstico e estatístico de transtornos mentais* – DSM-I.

Em 1970, dois psiquiatras americanos, Chaim Shatan e Robert J. Lifton (*apud* Schestatsky *et al.*, 2003), começaram a fazer encontros, em Nova York, de grupos formados por veteranos da Guerra do Vietnã. Esses encontros acabaram se espalhando por todas as instituições americanas que trabalhavam com esses veteranos, pois vários deles apresentavam sinais da chamada "neurose de guerra". Shatan e Lifton começaram, então, a fazer um amplo levantamento da literatura sobre sobreviventes do Holocausto, vítimas de acidentes e queimaduras – enfim, sobre sobreviventes e parentes de vítimas de episódios catastróficos. Ambos os psiquiatras conseguiram listar uma série de 27 sintomas mais comuns de "neuroses traumáticas", os quais compararam com setecentos pacientes veteranos do Vietnã. Tal estudo acabou por se constituir no embrião dos critérios adotados pelo DSM-III para incluir o diagnóstico de transtorno de estresse pós-traumático.

Após várias revisões, tanto na *CID* quanto no *DSM*, chegou-se finalmente à publicação do *DSM-III*, em 1980, com a introdução do diagnóstico de transtorno de estresse pós-traumático. Vários grupos politicamente organizados, formados por vítimas de agentes estressores de alto impacto, influenciaram decisivamente na inclusão desse diagnóstico. Colhendo dados dos sobreviventes do incêndio no Coconut Grove (clube noturno de Boston), em 1941, que apresentavam crescente nervosismo, fadiga e pesadelos, e observando a morbidade psiquiátrica associada aos Veteranos da Guerra do Vietnã, finalmente trouxe consistência ao conceito de transtorno de estresse pós-traumático, definindo-o tal como é conhecido atualmente. Em todas essas situações traumáticas, o aparecimento do transtorno estava correlacionado com a severidade do estressor, sendo que eventos mais severos resultavam no aparecimento da síndrome em mais de 75% das vítimas.

A experiência com o *DSM-III* revelou diversas inconsistências no sistema, o que levou a Associação Psiquiátrica Americana (APA) a escolher um grupo que desenvolveu um trabalho de revisão do manual, formulando o *DSM-III-R* em 1987. Estudos citados por Herman (1992), utilizando os critérios do *DSM-III-R*, encontraram na população norte-americana uma prevalência de TEPT, ao longo da vida, de 11% para mulheres e 5,5% para homens, mostrando também que 61% dos homens e 51% das mulheres já haviam reportado pelo menos um evento traumático ocorrido em sua história de vida. Fazendo uma análise ponderada desses números, nota-se que 3,4% dos homens e 5,6% das mulheres que passaram por um trauma desenvolvem o TEPT. Tais dados, ainda que divirjam veementemente de autor para autor, coincidem em diversas publicações e são de importância relevante quando comparados com os resultados obtidos entre as vítimas de seqüestro avaliadas neste estudo.

Também merecem consideração outros estudos que mostram que vítimas de crimes têm grande probabilidade de apresentar o TEPT quando há séria ameaça à vida[9]. Kilpatrick *et al.*, em 1987, verificaram que as vítimas de violação têm 57% de probabilidade de desenvolver o TEPT. Resnick *et al.*, em 1993, encontraram um valor de 76%. E Rothbaum *et al.*, em 1992, chegaram a assinalar uma porcentagem de 94% em vítimas de estupro logo após a violação.

Essa revisão representou um avanço importante no diagnóstico dos transtornos mentais e facilitou imensamente as pesquisas empíricas. O desenvolvimento do *DSM-IV*, gerado em parte pelo

---

9 Para os critérios diagnósticos atuais de TEPT, a séria ameaça à vida ou à integridade física da pessoa é um dos elementos essenciais para diagnosticar o transtorno.

DSM-III e pelo *DSM-III-R*, consolidou os dados até então obtidos, sendo por ora o manual em vigor para a classificação dos transtornos mentais. Há, porém, outro grupo de trabalho preparando uma versão do *DSM-IV-TR*, cuja versão inicial já foi publicada por First, Frances e Pincus, em 2004, com ênfase no diagnóstico diferencial dos diferentes transtornos. O diagnóstico do TEPT vem acompanhando toda essa evolução e, a cada novo artigo, a cada nova apresentação, expõe características inovadoras em sua formulação, como ressaltam Kapczinski e Margis (2003).

Pelo *DSM-IV*, o TEPT é definido como o desenvolvimento de sintomas característicos após exposição a um extremo estressor traumático, relacionado a experiência pessoal direta de um evento ameaçador real que envolva morte, ferimento grave ou outra ameaça à integridade física (Critério A), o que ocorre soberbamente no evento do seqüestro. A pessoa envolvida diretamente no evento é chamada de "vítima primária" e aqueles que participam indiretamente (amigos, familiares, testemunhas) podem também desenvolver o transtorno e são chamados de "vítimas secundárias". Nos casos de seqüestro, particularmente aqueles em que a pessoa permanece em cativeiro e seus familiares são obrigados a "negociar" o resgate exigido pelos seqüestradores, é muito comum o aparecimento dos sintomas apresentados no quadro 2, sendo que já há um movimento para considerá-las, também, "vítimas primárias" do acontecimento traumático.

Os sintomas característicos citados pelo *DSM-IV* consistem também na revivência persistente do evento traumático (Critério B); na esquiva persistente de estímulos associados ao trauma e no embotamento da responsividade geral (Critério C) e nos sintomas persistentes de excitação mental (Critério D). O quadro sintomático completo deve estar presente por mais de um mês (Critério E) e a perturbação deve causar sofrimento ou prejuízo clinicamente significativo no funcionamento social, ocupacional e/ou em outras áreas importantes da vida da pessoa (Critério F).

QUADRO 2 – PRINCIPAIS SINAIS E SINTOMAS DO TEPT

Sintomas de revivência

- **Lembranças intrusivas:** são aquelas que insistem em invadir a mente, mesmo nos momentos de relaxamento (por exemplo, a imagem do assaltante). Por mais que se esforce, a pessoa não consegue se livrar delas.
- **Pesadelos:** eventos traumáticos surgem em sonhos recorrentes.
- **Flashbacks dissociativos:** a vítima revive a situação traumática, com todas as sensações que experimentou quando sofreu a violência.
- **Reatividade fisiológica:** quando o organismo tem alguma reação diante da lembrança de um fato traumático.

Sintomas de entorpecimento

- Esforço para evitar pensamentos e sentimentos ligados ao trauma.
- Tentativa de manter distância de atividades, locais ou pessoas associadas ao trauma.
- Incapacidade de recordar toda a cena de violência. Alguns momentos são apagados da memória.
- Redução de interesse em atividades cotidianas, como trabalhar ou sair com amigos.
- Sensação de distanciamento das pessoas em geral.
- Restrição da capacidade de sentir afeto.
- Sentimento de futuro abreviado. A pessoa que correu risco de morte acha que pode morrer a qualquer momento. Por isso, não faz mais planos de longo prazo, como viajar ou ter filhos.

Sintomas de hiperestimulação

- Insônia persistente.
- Irritabilidade em várias horas do dia.
- Dificuldade de concentração.
- Hiperviligilância – a pessoa fica alerta mesmo em momentos de relaxamento.
- Sobressalto exagerado. Reação exacerbada diante de estímulos, como uma porta que bate com barulho.

Fonte: American Psychiatric Association (APA).

Podem ser usados os seguintes especificadores para definir o início e a duração dos sintomas do TEPT:

■ **Agudo:** quando a duração dos sintomas é inferior a três meses.
■ **Crônico:** quando os sintomas duram três meses ou mais.
■ **Com início tardio:** quando pelo menos seis meses decorreram entre o evento traumático e o início dos sintomas.

Como diagnóstico diferencial, devemos levar em conta principalmente:

■ **Transtorno de ajustamento:** cuja origem se deve a fatores que não têm a gravidade de ameaça real à integridade física da pessoa.
■ **Transtorno de estresse agudo:** se os sintomas tiverem início antes de completadas quatro semanas do evento estressor e resolverem-se dentro desse período.
■ **Transtorno obsessivo compulsivo, esquizofrenia, transtornos de humor** ou outros transtornos que não tenham correlação direta com o evento traumático ou cujo início seja anterior ao evento devem ser excluídos.

Segundo Calhoun e Resick (1999), o diagnóstico de transtorno de estresse agudo foi recentemente introduzido no *DSM-IV*, para ser aplicado às reações graves, de curta duração (menos de quatro semanas) e imediatas ao trauma. Os critérios focalizam dois tipos de sintomas: as reações dissociativas e as emocionais, que ocorrem durante ou imediatamente após o evento traumático e cuja duração não excede a um ou dois meses. Há também a questão da simulação (Meleiro e Santos, 2003), quadro bastante freqüente na psiquiatria forense e já aventado por Freud no estudo de "neuróticos de guerra". No entanto, por não ser necessariamente um transtorno devido ao seqüestro, mas sim ter por objetivo a obtenção pessoal de benefícios geralmente financeiros e/ou previdenciários, a simulação não será aqui considerada.

Em seu já citado trabalho de 1967, Holmes e Rahe (*apud* Crompton, 2003) elencam 41 eventos do cotidiano. Enumerando episódios que vão desde "férias" até "morte de cônjuge", os autores atribuem, em uma ampla pesquisa de impacto de evento, escores de significância no desencadeamento de problemas de ajustamento. O transtorno de estresse pós-traumático ainda não é citado, uma vez que o surgimento desse diagnóstico é bem posterior ao trabalho mencionado. Savoia (1999), comentando a Escala de Holmes e Rahe, observa que:

> Qualquer mudança na vida de uma pessoa gera um certo nível de estresse e seus efeitos no desempenho podem ser positivos em uma relação direta – à medida que o estresse aumenta, o desempenho melhora – o chamado "eustresse". Por outro lado, aumentos excessivos podem ameaçar a capacidade de uma pessoa fazer perante seu ambiente o chamado "distress".

As publicações que mais se ocupam do estudo sobre o TEPT são aquelas que têm a terapia cognitivo-comportamental (TCC) como alicerce teórico, abordando e desenvolvendo amplamente as observações sobre o delito de estupro como um dos principais traumas geradores do transtorno: Schiraldi (1999); Range (2001); Knap e Caminha (2003); White e Freeman (2003); Dattilio e Freeman (2004). É encontrada, na literatura internacional, uma citação do seqüestro como agente do TEPT: o excelente trabalho de Leonore Terr (1981), que apresenta o seqüestro como estímulo estressor responsável por um grau máximo (100%) no desencadeamento do TEPT. O importante estudo de Terr discute as observações sobre as conseqüências de um seqüestro de 26 crianças em um ônibus escolar, em 15 de julho de 1976, em Chowchilla, pequena localidade da Califórnia O primeiro artigo, publicado em 1981, foi seguido de outro, em 1983. O segundo estudo fora realizado quatro anos após o evento, focando as severas seqüelas que acometeram as crianças, os familiares e os membros da comunidade, mesmo após tratamento com psicoterapia breve com duração de cinco a treze meses. Tão grave foi esse acontecimento que até hoje faz parte da história do condado de Madera, onde se localiza Chowchilla, tendo recebido um monumento de granito dedicado às vítimas, localizado em frente da prefeitura da cidade.

Além do minucioso estudo de Terr, é encontrado na literatura o já citado artigo de Favaro *et al.* (2000), em que são avaliadas as correlações entre o TEPT e a síndrome de Estocolmo. Utilizando-se apenas do *CID* e da Escala de Eventos Dissociativos, o trabalho conclui que não há relação entre os dois distúrbios, mas reforça os sintomas de revivência, entorpecimento e hiperestimulação descritos pelo *DSM-IV*. Cunha (2004) apresentou à Faculdade de Psicologia da USP uma monografia de conclusão de curso baseada no trabalho do Gorip, no IPQ-HC-FMUSP, sobre vítimas de seqüestro.

A literatura, principalmente a norte-americana, apresenta uma série de outros artigos que, utilizando diversas metodologias e populações, demonstram a porcentagem de transtorno de estresse pós-traumático, bem como os estímulos estressantes que o desencadearam. Boney-McCoy e Finkelhor (1996) realizaram um estudo com crianças e jovens, no qual compararam os efeitos estressantes causados por injúrias feitas por parentes e por estranhos. Relataram que o seqüestro é uma das formas de injúria mais praticadas por estranhos e é também a mais freqüentemente associada com medo de morte, assumindo magnitude maior do que abuso sexual e violência parental. Robert Pynoos, grande pesquisador de TEPT na infância e adolescência, publicou um artigo em 1988 no qual demonstra que 93% das testemunhas de ataques de franco-atiradores desenvolvem o TEPT.

Korol, Green e Gleser (1999), em um estudo com 120 crianças entre 7 e 15 anos de idade e seus familiares, demonstram que 88% das vítimas de desastre nuclear também desenvolveram TEPT, provando que o estado psíquico dos pais é um fator preponderante no desencadeamento do transtorno dos filhos. Dan Savin e

EDUARDO FERREIRA-SANTOS

Shalon Robinson (1997) estudaram especificamente um grupo de refugiados cambojanos, fazendo um importante levantamento no qual apontaram o aparecimento do TEPT em 71% dos sobreviventes de guerra com genocídio (Holocausto e Camboja). Na mesma linha, Shaw, Applegate e Tanner (1995) estudaram os efeitos do Furacão Andrew, descobrindo que 70% dos sobreviventes desse acidente desenvolveram os sintomas do TEPT.

Sack, Clarke e Seeley (1995) observaram que 50% de membros da segunda geração de refugiados da Guerra do Camboja ainda apresentavam sintomas do transtorno. McLeer *et al.* (1994) demonstraram a ocorrência de desordens psiquiátricas no campo dos transtornos de ansiedade em 48% de crianças que sofreram abuso sexual. March *et al.* (1997) notaram a presença de sintomas de TEPT em 12% de crianças e adolescentes após um incêndio de grandes proporções ocorrido em Hamlet, Carolina do Norte. Reinherz *et al.* (1995) observaram que 25% dos adolescentes mais velhos vítimas da violência de rua também apresentavam sintomas do TEPT.

A doutora Laura Ann McCloskey, da Escola de Saúde Pública da Universidade de Harvard, e Marla Walker publicaram um trabalho, em 1999, no qual entrevistaram 337 crianças, com idades entre 6 e 12 anos, que haviam sofrido violência doméstica e verificaram que 24,6% delas apresentavam sintomas de TEPT em comparação com 167 crianças que não sofreram injúrias familiares e, mesmo assim, apresentavam algum tipo de sintoma do TEPT. Najarian *et al.* (1996) relataram que 32% das pessoas estudadas na Armênia após um terremoto, em 1996, apresentavam sintomas do transtorno. Sheldon J. Kaplan (2002) afirma que os efeitos de um trauma e a conseqüente ocorrência do transtorno de estresse pós-traumático é muito diferente em adultos e crianças. Ele estima que cerca de 15% dos adultos que sofreram estímulos estressores apresentam muitos dos sintomas do TEPT, mas não preenchem o critério completo exigido pelo *DSM-IV*. Citando como fonte os arquivos do National Center for Post

Traumatic Stress Disorder, do Department of Veterans Affairs, Kaplan estima que de 15% a 43% das meninas e de 14% a 43% dos meninos sofreram ao menos um evento traumático. Destes, apenas de 3% a 15% das meninas e de 1% a 6% dos meninos preencheram todos os quesitos de TEPT do *DSM-IV*.

Há quem afirme que a gravidade e a intensidade dos sintomas de TEPT em crianças estão diretamente associadas à influência parental, como observa Speed (1999) e Weime *et al.* (1998). Tal argumento amplia bastante o estudo das implicações do TEPT sobre vítimas primárias e secundárias de um trauma severo. Em adultos, a maioria dos estudos diz respeito ao trauma de guerra, como afirma Shephard (2001) ao relatar os efeitos a que estão submetidos os combatentes e as populações que habitam locais de "frente de batalha".

QUADRO 3 – ESTUDOS SOBRE O TEPT			
Estímulos estressantes e porcentagem de transtorno por estresse pós-traumático			
Autor	Ano	Acontecimento	%
Terr	1981	Seqüestro	100
Pynoos	1988	Ataque de franco-atirador	93
McLeer	1988	Abuso sexual	48
Reinherz	1994	Agressão física	25
Shaw	1995	Furacão	70
Najarian	1995	Terremoto	32
Savin	1997	Guerra	71
March	1997	Incêndio	12
Korol	1997	Desastre nuclear	88
Sack	1999	Guerra	50
McCloskey	2000	Violência doméstica	24

Fonte: Ballone (2002).

O estudo do TEPT – passadas as exaustivas e ainda não muito bem concluídas pesquisas sobre a depressão e o transtorno afetivo bipolar – parece ter se tornado a "coqueluche" em pauta (ou "em tela", para se adequar aos cibernéticos tempos modernos), devido à verdadeira convulsão em que vive o mundo hoje em dia. Garcia *et al.* (2000), assim como vários outros autores, tentam estabelecer critérios bem delimitados para o TEPT. Por fim, devido a tantas controvérsias, definições e redefinições do TEPT, ainda há espaço para sua conceituação definitiva, como afirmam os autores portugueses Pereira e Monteiro-Ferreira (2003, p. 260):

> Em suma, a investigação futura tem pela frente um desafio enorme em termos da própria definição do construto de PTSD [*Post-Traumatic Stress Disorder* – Distúrbio do Estresse Pós-Traumático], o que implica a necessidade urgente de um maior conhecimento de forma a poder redefinir o que realmente causa a perturbação. Nesta linha de pensamento, é preciso que a investigação inclua no seu cerne as questões da natureza humana, em particular da resiliência ao *stress*, a necessidade ou não de os estressores necessitarem de ser "extremos" e o papel da cultura ao definir o que é socialmente aceito como uma "perturbação".

Ou seja, transcorridos tantos anos de pesquisa e intervenção, ainda não sabemos com certeza quais são, de um lado, os verdadeiros fatores estressores "universais", isto é, aquilo que de fato rompe com a estrutura psíquica do ser humano; e, de outro, quais as características pessoais que permitem essa ruptura. Estudos epidemiológicos têm sido realizados em todo o mundo, mas ainda não há um consenso sobre qual a incidência de TEPT devido a determinado estressor em determinada população.

A exemplo do termo "estresse", outro conceito deslocado da física é o de "resiliência", que nomeia a propriedade que alguns materiais têm de acumular energia, quando exigidos e estressados, e depois voltar ao estado original sem qualquer deformação. Assim, vem contando pontos como competência humana a habilidade do elástico, ou da vara do salto em altura – aquela que enverga no limite máximo sem quebrar, volta com tudo e lança o atleta para o alto.

Poderia ser explicado assim o fato de algumas pessoas – por motivos ainda não muito bem elucidados, como traços de personalidade, momento atual de vida, história particular de desenvolvimento psicológico –, mesmo quando expostas ao agente traumático, apresentarem apenas algumas alterações iniciais em seu estado psíquico, desenvolvendo um quadro de transtorno do estresse agudo (que se resolve espontaneamente em pouco mais de um mês após o evento) ou simplesmente não apresentando nenhuma reação de estresse. Cabe, no entanto, ressaltar que o TEPT pode vir a se manifestar até mesmo cinco anos (ou mais, segundo constatamos) após o acontecimento traumático, nem sempre preenchendo todos os requisitos definidos pelo *DSM-IV*, mas com sintomatologia de outros transtornos de ansiedade. Nesses casos, devido ao distanciamento cronológico do incidente, a pessoa não associa de imediato os sintomas à situação do seqüestro.

Por outro lado, a resiliência pode explicar por que, para algumas pessoas, o evento traumático resulta em crescimento pessoal e reformulação positiva do modo de vida.

ASPECTOS NEUROBIOLÓGICOS

Ao final da chamada "década do cérebro" (anos 1990), a psiquiatria foi inundada por conceitos neurocientíficos que, comparados aos postulados considerados meramente especulativos das teorias psicodinâmicas, proporcionaram-lhe maior prestígio e aceitabilidade por parte da comunidade científica. Aproximações neuropsicológicas que complementam a semiologia clínica psiquiátrica tradicional têm representado promessas de precisão diagnóstica, prognóstica e forense. À medida que progridem os estudos nessa área, os métodos quantitativos (como testes e escalas psicológicas, além de achados na área da neuroimagem) ganham mais confiabilidade no campo da justiça; e as avaliações subjetivas, consideradas por muitos como meramente teóricas, são (de certo modo) desprezadas. Segundo Fridman *et al.* (2001), essas novas investigações trarão dados mais completos e confiáveis para a análise judiciária:

> Se é adequado um procedimento médico baseado na probabilidade de determinada expectativa confirmar-se (lógica probabilística) apesar da chance menor de estarmos enganados; já na justiça, "in dubio pro reu". Ou seja: na Justiça não se admite a dúvida – seus julgamentos pressupõem uma certeza, pois, no caso de dúvida, a Justiça penderá sistematicamente a favor do lado mais fraco – o réu, o empregado, o consumidor – onerando o lado mais forte – o estado, o empregador, o fornecedor – com o ônus da prova, ou seja, a obrigação de provar cabalmente o mérito de sua versão.

São muitas, embora ainda incipientes, as pesquisas que procuram mostrar o vértice biológico (ou neuropsíquico) que seria a base para a ocorrência do TEPT em pessoas expostas a eventos traumáticos. No entanto, estudos recentes que mostram alterações significativas na fisiologia e na anatomia cerebral enfatizam o vértice biológico e consolidam a estrutura biopsicossocial do ser humano, como citam Araújo, Lacerda e Bressan (2005, p. 91):

> A utilização de avançadas técnicas de neuroimagem tem contribuído substancialmente para o entendimento de possíveis mecanismos fisiopatológicos relacionados ao TEPT. A redução volumétrica do hipocampo tem sido o achado neuroestrutural mais consistentemente descrito. Estudos de neuroimagem funcional, utilizando diferentes paradigmas investigativos (provocação de sintomas, ativação neurocognitiva e desafio farmacológico), têm revelado uma hiperativação do corpo amidalóide e uma resposta atenuada do córtex pré-frontal medial, córtex orbitofrontal e do giro cíngulo anterior, o que eleva essas estruturas à condição de integrantes de circuitos potencialmente relevantes para a fisiopatologia do TEPT.

Ao descrever as cicatrizes neurobiológicas do TEPT, Grassi-Oliveira, Pergher e Stein (2005), citando trabalhos de autores com diferentes metodologias, apontam um dado interessante e muito em voga atualmente: o volume menor do hipocampo em pacientes com TEPT, o que seria devido à ação tóxica do cortisol. Os autores referidos citam a hipótese de que um já reduzido volume do hipocampo poderia predispor o indivíduo a desenvolver o TEPT quando exposto a um evento traumático. Citam o artigo de Gilbertson *et al.* (2002), segundo o qual os veteranos da Guerra do Vietnã que desenvolveram o TEPT apresentavam volume hipocampal reduzido. De acordo com Gilbertson, nesse mesmo artigo, o estudo de gêmeos homozigóticos, um que foi à guerra e outro que não foi, apontou idêntica redução do hipocampo. Com base nessa informação, é possível pensar que a redução do volume hipocampal possa ser um dos predisponentes para o desenvolvimento do TEPT, e não uma conseqüência do transtorno.

Segundo Ramos (2005), por conta das semelhanças entre os sintomas de TEPT e os de depressão e ansiedade, os modelos biológicos existentes para a descrição destes últimos são os mais freqüentemente adotados para explicar as diferentes manifestações do TEPT. Os estudos mais abrangentes nessa área envolvem a elucidação dos mecanismos de neurotransmissão, por meio de catecolaminas, e o papel do eixo hipotálamo–hipófise–adrenal (eixo HPA) na gênese dos sintomas.

Selye já havia notado, em 1976, que em situações agudas de estresse observa-se uma elevação dos níveis séricos de cortisol de forma relativamente proporcional à intensidade do estímulo estressante. Munck *et al.* (1984) levantaram a hipótese de que esse aumento dos níveis de cortisol teria o efeito de "controlar" a ação das catecolaminas liberadas em sua ativação simpática de disponibilizar energia para os órgãos vitais mediante o aumento de freqüência cardíaca, pressão arterial e glicemia. Assim, o cortisol funcionaria como um mediador do término da resposta de estresse por meio de um *feedback* negativo sobre hipocampo, amígdala, hipófise e hipotálamo. Seguindo essa linha de raciocínio, seria de esperar um alto nível sérico de cortisol em pacientes com TEPT. No entanto, existem fortes evidências de que os níveis de cortisol se encontram reduzidos nestes pacientes (Newport e Nemeroff, 2000; Yehuda, 2000; Yehuda, Kahana e Binder-Brynes, 1995; Southwick e Nussbaum, 1990; *apud* Ramos, 2005). A redução dos níveis de cortisol e o aumento de CRF têm se mostrado consistentes e parecem ser marcadores biológicos do desenvolvimento de TEPT. Além disso, as observações sugerem a existência de um substrato biológico que poderia facilitar o desenvolvimento do TEPT, o que indicaria uma deficiência individual para inibir respostas naturais de adaptação e defesa ao trauma. Pitman (1989, p. 222) afirma que:

> Uma resposta exagerada de catecolaminas e neuropeptídeos na época do trauma poderia levar a uma superconsolidação de memórias em indivíduos que viriam a desenvolver o TEPT, pois iniciaria um processo pelo qual as memórias relacionadas ao evento traumático tornar-se-iam particularmente fortes, facilitando sua recordação de forma inapropriada. Essa superconsolidação de conteúdos de memória não ocorreria em indivíduos que não viriam a desenvolver o TEPT porque o cortisol, responsável pela interrupção da resposta ao estresse, atuaria já agudamente e preveniria o aparecimento do transtorno.

Outro foco de atenção nos estudos sobre a neurobiologia do TEPT tem sido a observação de que pessoas com esse diagnóstico apresentam um número aumentado de receptores periféricos de glicocorticóide, o que se traduz numa resposta exaltada dos níveis de cortisol, os quais inibiriam momentaneamente as respostas fisiológicas normais às situações de trauma.

Yehuda (2000, p. 62) argumenta que, levando em consideração todos esses achados, a atrofia hipocampal observada em pacientes com TEPT não deve ser secundária a uma simples ação tóxica do cortisol. Yehuda sugere que a hipersensibilidade observada em receptores glicocorticóides periféricos poderia ocorrer em regiões específicas do hipocampo, o que facilitaria qualquer ação tóxica do cortisol nessas regiões, mesmo em níveis reduzidos. Assim, o autor citado conclui que "talvez as principais alterações fisiopatológicas do TEPT possam estar associadas a anormalidades de receptores de glicocorticóides mais do que a níveis alterados de secreção de cortisol".

Em meio a tantas inferências e observações empíricas que se contradizem a cada nova comunicação científica sobre o assunto, pode-se considerar, como observa McEwen (2003), que o hipocampo parece desempenhar importante papel nas funções cognitivas relacionadas com a memória contextual, episódica e espacial, cujo estudo mais aprofundado pode contribuir para um melhor entendimento dos déficits cognitivos comumente encontrados no TEPT.

Neste momento em que se encontram os estudos sobre o TEPT, no entanto, essas hipóteses podem explicar, pelo menos no nível biológico, a ocorrência de respostas diferentes ao mesmo tipo de trauma sofrido.

ASPECTOS PSICODINÂMICOS

A avaliação do eixo biopsicossocial da estrutura do ser humano não se pode furtar às observações amplas e profundas da psicanálise (ainda que pesem sobre elas severas e contundentes críticas dos psiquiatras organicistas modernos), que enfatizam o vértice psicológico do comportamento individual e suas implicações na elucidação dos aspectos psicodinâmicos envolvidos em situações traumáticas. Embora as observações neurobiológicas sejam de valor inestimável, os aspectos psicológicos, baseados em observações práticas e teóricas e na relação empática (Hycner, 1995) que se estabelece entre o entrevistador e o entrevistado, não podem ser simplesmente ignorados, pois trazem à luz uma compreensão mais abrangente e profunda do ser humano, estabelecendo características de sua subjetividade.

Ainda que haja um número muito grande de "teorias psicológicas", a psicanálise é, sem dúvida, a mais abrangente e que serve de ponto de partida para as outras formulações teóricas sobre o funcionamento da mente humana. É uma disciplina de base científica – mas ainda considerada por muitos como "discutível" – instituída por Sigmund Freud (1856-1939) há mais de cem anos. A chamada teoria psicanalítica é um corpo de hipóteses a respeito do funcionamento e desenvolvimento da mente humana. Dentre os vários e controvertidos conceitos desenvolvidos por Freud, ao longo de mais de cinqüenta anos de pesquisa empírica, há dois que são considerados fundamentais e sustentam toda a estrutura da teoria por ele desenvolvida: o *inconsciente* e o *determinismo psíquico* (Brenner, 1975).

Para Freud, haveria um local na mente – topograficamente existente e ainda não localizado – onde seriam "armazenadas" todas as experiências de cunho negativo e/ou traumáticas. Devido a um mecanismo psíquico chamado *repressão*, elas permaneceriam profundamente enterradas na mente das pessoas, no chamado inconsciente, para não gerarem um permanente estado de angústia e aflição. Assim, Freud começava a esboçar o esquema de um "aparelho psíquico", o qual seria formado primariamente por duas instâncias, o *inconsciente* e o *consciente*, separados por uma tênue camada chamada *pré-consciente*. O inconsciente tentaria manter a todo custo, por meio do mecanismo da repressão, as "más lembranças" escondidas da pessoa, mas haveria entre elas uma movimentação contínua, dinâmica, para que aflorassem ao consciente. Dessa forma, haveria uma interação de forças que se apoiariam, combinariam ou inibiriam mutuamente. Esse movimento permanente de interação de forças em conflito mútuo, quando em equilíbrio, caracterizaria a normalidade. Quando em desequilíbrio, no entanto, se tornaria patogênico (Nagera, 1970).

Por outro lado, mesmo no dia-a-dia normal das pessoas, os conflitos, desejos e medos reprimidos no inconsciente seriam um fator determinante nas atitudes, nas escolhas, nas opções e nos demais comportamentos humanos. Isso ocorreria pois, devido a falhas no mecanismo de repressão, os conteúdos inconscientes se manifestariam de forma "transformada", fazendo que "nada fosse por acaso" – em outras palavras, todo o comportamento humano seria determinado pela história de vida registrada no inconsciente. Esse é o conceito do determinismo psíquico.

Em uma visão simplificada e ingênua, pode-se entender que a magnitude de um trauma de grandes proporções, como o seqüestro, produz uma ampla desorganização dos mecanismos de defesa da pessoa, permitindo que se associem ao evento traumático um conjunto de situações de instabilidade passadas que, até então, mantinham-se em equilíbrio, reprimidas em seu inconsciente.

Segundo Ana Freud (1971), o principal elemento para o desencadeamento da *neurose traumática*[10] é a repetição de situações traumáticas. Isso se dá porque nenhum fato verdadeiramente traumático é assimilado plenamente, e a vulnerabilidade crescente é inevitável quando ocorre a repetição quantitativa ou qualitativa de traumas anteriores.

Como a experiência traumática é um fator da realidade externa, a maioria das defesas utilizadas pelo indivíduo com TEPT dirige-se contra os sintomas e acaba se tornando um novo sintoma, gerando um "círculo vicioso". Tal situação impede que a pessoa, sozinha, associe os acontecimentos atuais aos anteriormente vividos e potencializa consideravelmente a magnitude do trauma. O evento real torna-se traumático por uma falha da barreira, ou escudo protetor, contra estímulos, que acabam inundando o ego com um excesso de energia. Essa inundação dilacera a capacidade defensiva do ego, fazendo-o regredir a formas de funcionamento mais primitivas, como o desamparo (Freud, 1920/1980).

10 Forma como o TEPT é chamado pela psicanálise.

Para Vieira Neto e Sodré (2005):

> O Aparelho Psíquico funciona seguindo o princípio da constância ou homeostase. Qualquer aumento de energia recebida requer uma descarga equivalente tendo, como objetivo, o retorno do aparelho ao estado anterior. Após um transtorno produzido por um estímulo externo, quando não são possíveis a descarga ou as vias associativas, o desenvolvimento dos sintomas é a única saída possível [....] para um ego tornado frágil, por mais que não seja a mais adequada, essa é a melhor solução.

Nas neuroses traumáticas, a natureza e a intensidade do impacto contra as barreiras protetoras do ego é de tal grandeza que provoca um colapso na estrutura egóica. Clinicamente, a pessoa vítima de um evento dessa natureza passa a apresentar sintomas de pânico, terror, confusão e estupor, o que demonstra o despreparo do psiquismo para enfrentar tais situações.

Segundo Costa (2003):

> Do ponto de vista dinâmico, o que surpreende nestas síndromes é a repetição do acontecimento desagradável, defesa oposta ao princípio do prazer. Em lugar de rememorar ou "alucinar" (no sentido da alucinação onírica) o objeto ou situação portadores de prazer, o sujeito reedita incessantemente o trauma, contrariando aquele princípio.

Uma explicação singela para esse paradoxo é o antigo ditado "Se não se pode combater o inimigo, é melhor aliar-se a ele". O ego "fixa-se" ao trauma como uma forma de, ao longo do tempo, encontrar mecanismos adequados para livrar-se dele. Durante esse período, obviamente, o aparelho psíquico desorganizado permanece em constante sofrimento, como quem, em meio ao desabamento de uma casa, procura ao mesmo tempo proteger-se e reconstruir o que está ruindo, em um esforço descomunal.

Há ainda a citar o artigo em que Meshulam-Werebe, Andrade e Delouya (2003) oferecem outra explicação para o TEPT:

O trauma psíquico, ou a lembrança do trauma, atua como um corpo estranho, que muito depois de sua entrada continua como um agente que ainda se acha em ação. Há a hipótese de que o trauma reativou um conflito psicológico anteriormente quiescente, embora não resolvido. A experiência de reviver o trauma de infância resulta em regressão e no uso de mecanismos de defesa de repressão, negação e anulação. O ego revive e, desta forma, tenta dominar e reduzir a ansiedade. Como na histeria, há o ganho secundário do mundo externo, como compensações financeiras, maior atenção ou solidariedade e satisfação de necessidades de dependência. Estes ganhos reforçam o transtorno e sua persistência.

Tais observações são absolutamente verdadeiras e aparecem com freqüência no processo terapêutico da vítima de TEPT, mas apesar delas (ou mesmo por conta delas) a sociedade, e principalmente o poder público (como veremos adiante), tende a preconceituosamente desprezar a vítima – como habitualmente age a sociedade em relação àqueles que apresentam problemas na esfera psicológica e psiquiátrica

Muito mais poderia ser escrito sobre os aspectos psicodinâmicos do TEPT, mas para isso seria preciso um aprofundamento nos amplos, diversos e controvertidos conceitos psicanalíticos interligados de forma intricada e complexa que, por si sós, mereceriam uma extensa tese.

Não se podem encerrar essas considerações psicodinâmicas sobre o TEPT sem citar o mais próximo colaborador de Freud, Sándor Ferenczi, e suas várias contribuições relacionadas a esse tema, particularmente os estudos a respeito da "fragmentação psíquica" sofrida pela vítima de um trauma. Comparando o trauma psíquico a um trauma físico, Ferenczi escreve em 1932:

> Fragmentos de órgãos, elementos de órgãos fragmentados e elementos psíquicos são dissociados. No plano corporal, trata-se realmente da anarquia dos órgãos, partes de órgãos e elementos de órgão, quando a colabo-

ração recíproca é a única que torna possível o verdadeiro funcionamento global, ou seja, a vida; no plano psíquico, a irrupção da violência, ou a ausência de um contra-investimento sólido, provoca uma espécie de explosão, uma destruição das associações psíquicas entre sistemas e conteúdos psíquicos, que pode estender-se até aos elementos de percepção mais profundos.

ASPECTOS SOCIAIS

Fechando o eixo biopsicossocial da estrutura do ser humano, é obrigatória uma reflexão sobre a não declarada, porém cruelmente existente, guerra civil na qual o Brasil está mergulhado há anos. A monumental obra do pesquisador e especialista em literatura médica Luís Mir (2004) reúne medicina e história, comprovando o estado de guerra no qual morrem, a cada ano, 150 mil pessoas – 56 mil delas por armas de fogo.

Mesmo após décadas de esforço, o Brasil não vem obtendo resultados positivos na luta contra a forte desigualdade social existente entre o Norte/Nordeste e o Centro/Sul do país. Segundo o *Atlas da exclusão social* (2003a, p. 73), de Pochmann e Amorim, 86% dos municípios com maior índice de exclusão social do país estão na faixa que vai da Bahia ao Acre. Dos 5.507 municípios brasileiros, apenas 200 apresentam padrão de vida adequado. Ainda que apareça de forma mais intensa nos estados do Norte e do Nordeste, a exclusão social é uma realidade que se apresenta em todo o país. Mesmo em estados considerados mais ricos, como São Paulo, Rio de Janeiro e Rio Grande do Sul, as marcas da desigualdade são bastante presentes. Em toda a extensão do país, os locais onde o índice de exclusão desce a níveis aceitáveis são vistos como pequenos "oásis" em meio a um imenso "deserto" de desigualdade social. Ainda assim, essas pequenas exceções ocorrem geralmente nas grandes cidades, onde a média de renda é razoavelmente superior à do restante da população.

De acordo com Ricardo Gomes Amorim, "embora as pessoas da periferia de São Paulo possuam uma condição de vida bastante precária, elas, ainda assim, possuem condição de vida melhor do que as de Guaribas (PI), por exemplo" (Pochmann *et al.*, 2004). Sem opções de estudo e emprego formal, a população das regiões localizadas acima do Trópico de Capricórnio (apontado no estudo como a divisão geográfica entre os dois "Brasis") sofre ainda mais com a exclusão. Segundo Amorim, "nas grandes cidades, as pessoas pobres, apesar de tudo, tomam dois ônibus e têm um hospital, uma escola para o filho, luz elétrica. No entanto, se você comparar com Guaribas ou Jordão (AC), vai ver que nem isso eles têm" (Pochmann, Campos, Amorim, 2004).

Os resultados são impressionantes. Com base nos dados coletados, o *Atlas* aponta que 42% dos municípios brasileiros (o equivalente a 21% da população brasileira) estão em situação de exclusão social. "Já era esperado que grande parte estivesse nessa situação. Mas não deixa de surpreender o número de municípios que estão excluídos. Apenas 200 municípios estão em boas condições, boa parte está apenas em condições intermediárias e a maioria ainda está em condição de exclusão", afirma Thiago Ribeiro (Pochmann, 2004). Assim o levantamento aponta que mais de 25% dos brasileiros vivem em condições precárias, com baixa renda, baixo acesso à educação e sem emprego formal.

Baseado nas informações obtidas no levantamento, um *ranking* dos municípios com melhor e pior desempenho foi traçado (figura 1), permitindo que a discrepância entre as regiões Norte e Nordeste em relação ao restante do país se torne ainda mais clara. Entre os cem municípios com o melhor índice de exclusão social, apenas um está localizado na região Nordeste – Fernando de Noronha. No extremo oposto, a situação se inverte. Apenas duas entre as cem cidades com o pior desempenho não estão nas regiões localizadas acima do Trópico de Capricórnio – São João das Missões e Verdelândia, ambas em Minas Gerais.

Figura 1 – Índice de exclusão social

São Caetano – SP	0,854
Águas de S. Pedro – SP	0,835
Florianópolis – SC	0,815
Santos – SP	0,765
Niterói – RJ	0,763
Porto Alegre – RS	0,761
Holambra – SP	0,756
Vitória – ES	0,752
Curitiba – PR	0,730
Vinhedo – PR	0,720
Sutiaí – AM	0,255
Mal Thaumaturgo – AC	0,254
Envira – AM	0,250
Manari – PE	0,250
Ipixuna – AM	0,249
Alto Alegre – RR	0,249
Itamarati – AM	0,248
Belágua – MA	0,243
Guajaná – AM	0,242
Jordão – AC	0,230

■10 melhores
■10 piores

Fonte: *Atlas da exclusão social no Brasil* (2003a).

Outro fator importante apontado pelo estudo foi a relação entre violência e miséria. Contrariando o senso comum, a pobreza não é o fator determinante na escalada da criminalidade. Regiões extremamente pobres apontam baixos índices de violência, enquanto as grandes cidades – mais ricas – encontram cada vez mais dificuldades para controlar o problema. Para Amorim, o que determina a violência das grandes capitais é o abismo social entre ricos e pobres. "É a derrubada de um mito. Muitos associam pobreza e violência com irmãs siamesas, que caminham juntas – o que não é verdade", explica Amorim. "Estados muito pobres como o Piauí, por exemplo, não têm um índice de violência tão alto como se poderia esperar." Nas grandes cidades, a coexistência de pessoas com baixíssima renda e condições precárias de sobrevivência e outras com renda elevada torna-se a razão do crescimento de violência. Outra conseqüência dessa relação é o crescimento do crime organizado, que passa a influir diretamente no aumento dos índices de criminalidade. "O que determina o aumento da violência é a desigualdade. Ela está nas grandes cidades, onde há muita pobreza e muita riqueza juntas", conclui Amorim.

O seminário sobre Vitimização em São Paulo, realizado em novembro de 2003, apresentou os resultados de uma ampla pesquisa executada pela organização não-governamental IFB – Instituto Futuro Brasil. O trabalho reúne dados socioeconômicos e de vitimização[11] de mais de vinte mil pessoas. O roubo no trânsito – a pedestres, motoristas e passageiros – é, na capital paulista, a modalidade criminosa que mais sofre o impacto do crescente desemprego, que já atinge mais de dois milhões de pessoas na região metropolitana. Numa escala de 0% a 100%, é possível afirmar que o desemprego explica 85% da variação dos ataques em carros, 80% da oscilação dos casos em ônibus e 74% dos altos e baixos dos assaltos a pedestres. São índices altos. Para ter uma idéia da proximidade dessa relação, basta dizer que, se as oscilações percentuais de ambos os fenômenos – desemprego e roubos – fossem sempre proporcionais ao longo dos meses, as taxas seriam 100% (12 pontos a mais). Esse é o conceito de variância – uma forma de aferir em que medida, em certo período, dois fenômenos se relacionam.

Segundo dados colhidos no *site* da Unicamp (www.unicamp.br), a sintonia entre o aumento do número de desempregados e a explosão de casos de roubo no trânsito da capital é a principal constatação de uma pesquisa feita pelo Uniemp (Fórum Permanente das Relações Universidade–Empresa, fundação ligada à Unicamp), em parceria com a Secretaria de Estado da Segurança Pública. O governo cedeu aos pesquisadores a totalidade dos boletins de ocorrência registrados na capital entre outubro de 2000 e setembro de 2003. E eles procuraram aferir o potencial de impacto em dezenas de crimes de duas das muitas variáveis tradicionalmente listadas para explicar a criminalidade. Segundo Leandro Piquet Carneiro, um dos autores da pesquisa, "não é nova a constatação da influência dos fatores socioeconômicos sobre a criminalidade. Essa é uma retórica antiga.

---

11 Segundo E. Oliveira (2005), em seu livro *Vitimologia e Direito Penal*, vitimização é o efeito do ato de *vitimizar* ou *vitimar*, que, por sua vez, corresponde ao fato de converter ou reduzir alguém à condição de vítima.

Mas sempre se falou disso de forma ampla, sem que se apontasse que tipo de crime é afetado pelo desemprego e que tipo de desemprego afeta a criminalidade".

Na busca de respostas, os estudiosos chegaram a uma curiosa conclusão: se o desemprego é acompanhado por um aumento maior dos roubos, a queda de renda tem um paralelo mais claro com o aumento de furtos – crimes menos agressivos e nos quais há menor exposição do autor.

Quanto aos seqüestros, Clifford Alexandre Young afirma que: Não é possível fazer correlações com episódios cujo universo estatístico não é significativo, mas podemos dizer que o maior potencial de impacto de um período de crise se dá sobre os índices dos crimes de oportunidade porque é evidente que o afetado pelo desemprego não se associa imediatamente em quadrilha.

Os crimes de maior violência e que envolvem estruturas peculiares de personalidade e agressividade do agente praticante não sofrem grande influência dessa situação social de miséria e desamparo, o que leva a concluir que, se essa situação social adversa favorece o crime comum, não é ela a causa preponderante de delitos que envolvem perversidade e malignidade.

3. A pesquisa realizada na FMUSP

O rigor científico, porque fundado no rigor matemático, é um rigor que quantifica e que, ao quantificar, desqualifica, um rigor que, ao objetivar os fenômenos, os objectualiza e os degrada, que, ao caracterizar os fenômenos, os caricaturiza. É, em suma e finalmente, uma forma de rigor que, ao afirmar a personalidade do cientista, destrói a personalidade da natureza. Nestes termos, o conhecimento ganha em rigor o que perde em riqueza e a retumbância dos êxitos da intervenção tecnológica esconde os limites da nossa compreensão do mundo e reprime a pergunta pelo valor humano do afã científico assim concebido.

Boaventura de Souza Santos (1996)
Professor de Sociologia da Universidade de Coimbra

A PESQUISA

Mais de trezentas vítimas de seqüestro (relâmpago ou com cativeiro) procuraram espontaneamente o Serviço de Psicoterapia do Instituto de Psiquiatria do Hospital das Clínicas (IPQ-HC) da Faculdade de Medicina da Universidade de São Paulo (FMUSP), entre os anos de 2002 e 2005, por terem passado a apresentar alterações psíquicas após esse evento. Todos aqueles que nos procuraram receberam a atenção da equipe e, se necessário, tratamento medicamentoso e psicoterapêutico. Dentre essas pessoas, por questões metodológicas, selecionamos 81 indivíduos, de ambos os sexos, maiores de 18 anos, residentes no estado de São Paulo e oriundos de várias regiões do Brasil. Foram excluídas da amostra pessoas que já apresentavam transtornos psiquiátricos anteriores ao trauma. Para a validação da amostra, foi utilizado um "grupo controle", composto por 41 pessoas recrutadas na população em geral e com os seguintes critérios de exclusão: 1) não terem sido vítimas de qualquer tipo de seqüestro; 2) não possuírem diagnóstico psiquiátrico; 3) não terem sofrido nenhum dos vinte mais significativos estressores assinalados na Escala de Holmes e Rahe.

O instrumento de pesquisa foi uma entrevista clínica psiquiátrica, que utilizou o *DSM-III-R* como proposto por Othmer e Othmer (1992). Foram aplicadas as escalas especificadas abaixo:

- **SCID** (*Structured clinical interview for DSM-IV* – Entrevista clínica estruturada para o *DSM-IV*): desenvolvida por First *et al.* (1997) e com versão traduzida para o português com verificação de Del-Bem *et al.* (2001). Dessa escala, foram aplicados os capítulos sobre o transtorno de estresse pós-traumático e o transtorno de estresse agudo.

- **PCL-C** (*Posttraumatic stress disorder checklist – Civilian version*): instrumento desenvolvido em 1993 por Weathers, Litz, Huska e Keane, do National Center for PTSD (EUA) e traduzida por Berger *et al.* (2004), essa escala foi escolhida para ser um instrumento para rastreamento de TEPT por diversos autores e possui vários estudos de validação e determinação de suas propriedades psicométricas. É auto-aplicável, ou seja, não necessita de um examinador externo.

- **IES** (*Impact of event scale* – Escala de impacto de evento): escala de auto-aplicação, desenvolvida por Horowitz, Wilmer e Alvares (1979) e traduzida para o português por Ligia Ito.

É composta de quinze itens que medem a presença de sintomas intrusivos e de esquiva após a ocorrência de situações traumáticas. Apesar de apresentar problemas quanto à gradação dos escores, pois diferentes autores utilizam diferentes pontuações, é uma escala que, ao lado dos demais instrumentos deste projeto, contribui na constatação da magnitude do trauma estudado.

- **ISSL** (Inventário de sintomas de estresse de Lipp): o processo de investigação diagnóstica do grau de estresse foi realizado com a aplicação do ISSL, com o objetivo claro de avaliar o estado atual de sofrimento dos pacientes – evidenciando se possuem os referidos sintomas de estresse e, em caso positivo, o tipo de sintoma existente (se somático ou psicológico) e a fase em que se encontra. O ISSL foi criado e validado para a população brasileira em 1994 por Marilda Novaes Lipp e Guevara.

Cada pessoa foi submetida a uma ou mais entrevistas psiquiátricas orientadas para a avaliação de sintomas, sinais, comportamentos e disfunções psicológicas, que, *a priori*, "enquadram" o paciente no diagnóstico de transtorno de estresse pós-traumático. Em seguida, a Entrevista estruturada para o *DSM-IV* (*SCID*) foi aplicada em todos os participantes. Os pacientes que se enquadraram no diagnóstico de TEPT foram encaminhados para o Grupo de Voluntários de Psicologia do Grupo Operativo de Resgate da Integridade Psíquica (Gorip) do Serviço de Psicoterapia do IPQ-HC da FMUSP. Foram seguidos basicamente os modelos propostos por Roso (2000). A abordagem iniciou-se com uma entrevista não dirigida, seguida da aplicação das escalas descritas antes: *SCID*, PCL-C, IES e ISSL. O mesmo procedimento foi aplicado ao "grupo controle", formado por 41 voluntários que não haviam passado por nenhum evento estressor nos últimos três anos. Os pacientes foram, então, encaminhados para tratamento por meio de psicoterapia breve integrada tematizada, cujo procedimento será explicado posteriormente.

No grupo de 81 pessoas estudadas, após a avaliação psiquiátrica (que utilizou os procedimentos indicados pelo *DSM-III-R* para uma entrevista clínica) e a aplicação da Entrevista clínica estruturada para o *DSM-IV (SCID)*, foi observado que todos apresentavam transtorno de estresse agudo ou transtorno de estresse póstraumático, em suas modalidades moderada e severa.

Os objetivos da análise estatística foram:

- caracterizar as amostras das populações "grupo controle" e "vítimas de seqüestro", essa última subdividida em "seqüestro relâmpago" e "seqüestro com cativeiro";
- apenas para confirmação estatística, o grupo controle foi dividido inicialmente em Grupo 1 e Grupo 2, devido às diferenças de idade, mas não se constataram diferenças entre esses dois grupos;
- comparar o comportamento das três escalas nas populações "grupo controle", "vítimas de seqüestro relâmpago" e "vítimas de seqüestro com cativeiro", com o objetivo de verificar o poder de discriminação das escalas;
- verificar a correlação entre as escalas no grupo "vítimas de seqüestro".

O grupo "vítimas de seqüestro" é composto por 81 indivíduos, 41 mulheres (51%) e 40 homens (49%). Entre os seqüestros, 42 foram do tipo cativeiro (52%) e 39 foram do tipo relâmpago (48%). O "grupo controle" é composto de 41 pessoas, sendo 23 mulheres (56%) e 18 homens (44%) (ver tabela 1). Não foram detectadas diferenças entre as três distribuições, ou seja, a porcentagem de homens e mulheres não difere significativamente nas três populações.

TABELA 1 – DISTRIBUIÇÃO DE FREQÜÊNCIA E PORCENTAGENS DE SEXO EM CADA GRUPO			
Grupo / Sexo	Feminino	Masculino	Total
Seqüestro com cativeiro	19 (45%)	23 (55%)	42 (100%)
Seqüestro relâmpago	22 (56%)	17 (44%)	39 (100%)
Controle	23 (56%)	18 (44%)	41 (100%)
Total	64 (52%)	58 (48%)	81 (100%)

Escala PCL-C: Na figura 2, apresentamos valores das estatísticas descritivas para os escores da PCL-C nos grupos "seqüestro com cativeiro", "seqüestro relâmpago", "controle 1" e "controle 2" (o "grupo controle" foi subdividido em dois devido às diferenças de idade, mas nada demonstrou que essa diferença fosse significativa). Notamos que, nas amostras, os escores médios nos grupos de seqüestrados são superiores aos dos subgrupos que formam o controle. Os dados observados não sugerem que haja efeito de sexo nos escores. Na figura 2 são apresentados gráficos para a PCL-C em cada grupo.

Escala IES: Os valores das estatísticas descritivas apresentados na figura 3 sugerem o mesmo padrão de comportamento das médias observado na PCL-C: escores médios maiores nos grupos "seqüestro relâmpago" e "seqüestro com cativeiro" em relação ao "grupo controle"; as médias dos escores são semelhantes nos dois grupos de seqüestrados. Também não é sugerido efeito de sexo.

Escala ISSL: A escala ISSL é qualitativa; por essa razão, em sua análise foram utilizadas técnicas diferentes das adotadas na análise da PCL-C e IES. As porcentagens de ocorrência de cada categoria em cada grupo estão representadas na figura 4. As distribuições da escala nos grupos "seqüestro com cativeiro" e "seqüestro relâmpago" foram comparadas, não sendo detectada diferença significativa entre elas (p = 0,250). As porcentagens de indivíduos em cada categoria da ISSL nos "grupos controle" e "vítimas de seqüestro" estão representadas na figura 5.

Figura 2 – Gráfico da PCL-C nos grupos "controle 1", "controle 2", "seqüestro com cativeiro" e "seqüestro relâmpago"

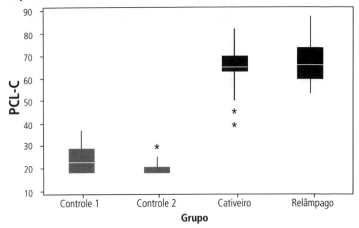

Figura 3 – Gráfico da IES nos grupos "controle", "seqüestro com cativeiro" e "seqüestro relâmpago"

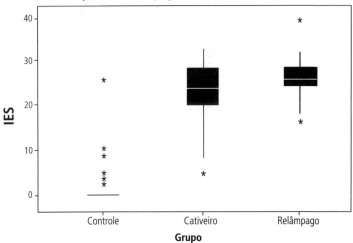

Figura 4 – Gráfico de barras das porcentagens de indivíduos em cada categoria da ISSL nos grupos "controle", "seqüestro com cativeiro" e "seqüestro relâmpago"

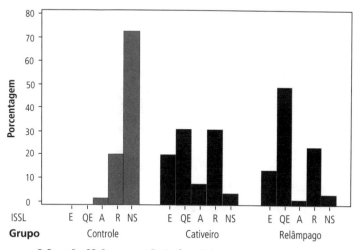

E: Exaustão; QE: Quase exaustão; A: Alerta; R: Resistência; NS: Não tem estresse

Figura 5 – Gráfico de barras das porcentagens de indivíduos em cada categoria da ISSL nos grupos "controle" e "vítimas de seqüestro"

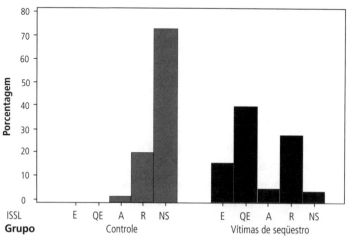

E: Exaustão; QE: Quase exaustão; A: Alerta; R: Resistência; NS: Não tem estresse

CONCLUSÃO DA ANÁLISE ESTATÍSTICA

Foi feita a caracterização das amostras das populações "controle" e "vítimas de seqüestro", essa última subdividida em "seqüestro relâmpago" e "seqüestro com cativeiro". A análise estatística mostrou que as três escalas discriminam os grupos "vítimas de seqüestro" e "controle". Nas escalas PCL-C e IES, os seqüestrados tenderam a apresentar escores maiores que o "grupo controle". Na ISSL, a maioria das pessoas do "grupo controle" foi classificada na categoria "Não tem estresse", enquanto a maioria das pessoas do grupo "vítimas de seqüestro" foi classificada nas categorias "Exaustão" ou "Quase exaustão". Os níveis de estresse também se mostraram independentes do sexo, tanto no grupo "controle" quanto no "vítimas de seqüestro", nas três escalas. Não foram detectadas diferenças entre os níveis de estresse dos grupos "seqüestro relâmpago" e "seqüestro com cativeiro" nas três escalas.

O estudo da correlação entre as três escalas no grupo "seqüestro" mostrou que os escores das escalas IES e PCL-C apresentam correlação positiva, isto é, indivíduos com escores de PCL-C altos tendem também a apresentar valores altos de IES. A PCL-C também se mostrou associada à ISSL, sendo que indivíduos nas categorias "Exaustão" e "Quase exaustão" da ISSL apresentam escore médio de PCL-C superior ao dos que estão nas categorias "Alerta", "Resistência" e "Não tem estresse". Não foi detectada associação entre a IES e a ISSL. Foram estimados os percentuais das distribuições das escalas PCL-C e ISSL no grupo "vítimas de seqüestro", demonstrando o alto grau de estresse apresentado pelas vítimas tanto de seqüestro relâmpago quanto de seqüestro com cativeiro.

Como este não é um estudo epidemiológico, não se pode concluir o percentual de pessoas que passam a sofrer do TEPT após serem vítimas de um seqüestro. Mas fica aqui registrada a necessidade de um amplo estudo a esse respeito, pois as informações colhidas nos órgãos oficiais e na imprensa variam muito e, além disso, muitas vítimas, intimidadas pelos agentes estressores (os seqüestradores), nem sequer dão queixa à polícia.

CONSEQÜÊNCIAS DO SEQÜESTRO

O presente estudo mostrou que as vítimas de seqüestro, tanto o prolongado quanto o breve, podem apresentar danos psíquicos consideráveis, consistentes com o diagnóstico de transtorno de estresse pós-traumático. A verificação de danos em casos de vítimas de seqüestros prolongados não é nova, como demonstram os trabalhos de Terr (1981, 1983), Favaro *et al.* (2000) e Cunha (2004), porém as importantes e novas observações mostram que os mesmos danos encontrados nos seqüestros de longa duração também podem ser encontrados nos seqüestros de curta duração, com base nos mesmos instrumentos de pesquisa.

Essas observações mostram, ainda, que são pertinentes os comportamentos de preservação e "blindagem pessoal" percebidos na população civil dos estados brasileiros, pois os danos causados por esses delitos deixam marcas e seqüelas que ninguém quer correr o risco de apresentar.

O MEDO DO SEQÜESTRO

Um estudo do Instituto Latino-Americano das Nações Unidas para Prevenção do Delito e Tratamento do Delinqüente (Ilanud) revelou que 13% dos paulistanos que ganham mais de 1.200 reais consideram que o maior risco para quem mora na cidade é ser seqüestrado. É certo que o número de casos aumentou – a porcentagem cresceu 324% de janeiro a novembro de 2001 na capital paulista –, no entanto os números absolutos ainda são pequenos em comparação com outros crimes. Para que seja possível ter uma idéia da proporção, em 2001 aconteceram 307 seqüestros em São Paulo, enquanto o total de assaltos alcançou 350 mil.

O problema é que, além de ter havido uma expansão geográfica do crime – o seqüestro deixou de ser exclusividade dos grandes centros e já alcança cidades de médio porte –, entre as vítimas não se contam mais apenas abonados e famosos, mas professores, bancários, profissionais liberais e até porteiros de hospitais.

Seqüestrar gente comum certamente dá menos lucro do que um seqüestro em estilo hollywoodiano, mas os riscos e custos também são menores, sem contar a vantagem de dispor sempre de grande "oferta" de vítimas, já que qualquer um pode ser seqüestrado em qualquer lugar e a qualquer hora.

Por que o seqüestro, dentre tantas manifestações de violência social, tornou-se um medo epidêmico nas grandes cidades? "A cobertura extensiva da imprensa ajudou a converter o seqüestro numa espécie de ícone da nossa época", como afirma Christian Ingo Lenz Dunker, psicanalista e professor de mestrado em Psicologia em entrevista dada à *Folha de S.Paulo* – na qual sua opinião foi compartilhada pelo ex-secretário estadual de segurança pública de São Paulo, Marco Vinício Petrelluzzi, para quem o *boom* verificado na incidência desses delitos deve-se, em grande parte, à mídia, que divulga as facilidades e a pequena infra-estrutura necessária para realizar um seqüestro – na maioria dos casos, bastam um carro, dois revólveres e um barraco. Em conseqüência, bandidos habituados a cometer outros crimes estariam mudando de ramo e preferindo seqüestrar.

Uma das maiores angústias que a vítima sente em relação ao seqüestro é a do rompimento da "ética" que se supõe existir até nos atos de violência e que dá às pessoas uma sensação de segurança, ainda que ilusória. Num assalto, por exemplo, a vítima sabe que o criminoso quer dinheiro e que o evento será rápido e fortuito. Num seqüestro, ao contrário, a pessoa desconhece as intenções do bandido, o tempo em que ficará à mercê dele, quais são suas intenções reais e a quantia necessária para sua libertação.

Isso sem contar a angústia psicológica de ficar preso num porta-malas, obrigado a "sacar" seu dinheiro em caixas eletrônicos e perambular por horas por lugares sombrios, desconhecidos e ameaçadores. Ou a angústia de passar semanas trancafiado num cubículo sem falar com ninguém. Em outras palavras, tudo é imprevisível e aterrorizante. O que também assusta é o fato de o seqüestrador não se enquadrar necessariamente no estereótipo do marginal violento e pobre. Ele é uma espécie de "inimigo oculto" – pode ser um vizinho, um colega, um funcionário do escritório ou da residência da vítima, ou até mesmo um parente ou amigo.

A insegurança pública que se vive em grandes centros urbanos, particularmente em cidades como São Paulo e Rio de Janeiro, tem levado a população a viver um estado alterado de ansiedade e medo que, hiperbolizando, chega a quase gerar um estado de transtorno de estresse pré-traumático. As notícias insistentemente veiculadas nos diversos meios de comunicação, os relatos verdadeiros (amplificados ou mesmo imaginários) de amigos, parentes e colegas de trabalho, vítimas, testemunhas ou simplesmente ouvintes de histórias trágicas e assustadoras, principalmente relacionadas a seqüestros, estupros, "arrastões", fez que o perigo (real ou fantasiado) de ser seqüestrado tenha levado um número expressivo de pessoas a transformar em ameaça o que é apenas um risco. Em pessoas com traços de personalidade fóbica, paranóide ou insegura – e entre aquelas que efetivamente já sofreram algum tipo de agressão – afloram mecanismos de defesa psicológica não adequados para enfrentar tais situações, derivados da angústia, da ansiedade e da impotência generalizada perante a possibilidade de perder seus bens materiais ou a própria vida. Pessoas efetivamente ameaçadas de seqüestro sofrem a violência de uma agressão permanente, devido à possibilidade de serem subitamente seqüestradas a qualquer momento.

A negação, o isolamento e o distanciamento social, profissional e afetivo costumam ser, segundo Meluk (1998), as respostas imediatas na maioria dos casos. Por conta disso, as possíveis vítimas chegam a abandonar certas atividades de lazer e trabalho que habitualmente realizavam. As reações mais objetivas são: blindagem do automóvel, contratação de seguranças particulares e outras medidas defensivas que, na realidade, já tornam as pessoas reféns do próprio medo, reduzindo suas atividades cotidianas a atividades mínimas para se proteger do perigo.

Por outro lado, não há como negar a situação de insegurança pública que estamos vivendo. Becker (1999) dá atenção especial ao fato de que não se deve desprezar essa realidade; medidas de cautela devem ser tomadas, mas sem exageros, histerias, fobias ou paranóias. A propósito, conta uma antiga lenda árabe que o Anjo da Morte apareceu para o Sultão e lhe disse que uma peste recairia sobre seus súditos e que cerca de quinhentas pessoas morreriam desse mal. Passada a peste, o Sultão constatou que haviam morrido mais de duas mil pessoas e interpelou o Anjo da Morte, que falou: "Como lhe disse, quinhentas pessoas morreram de peste; as outras morreram de medo".

O maior medo em uma situação de seqüestro é o de morrer – a primeira leitura que elabora a vítima quando abordada. É um temor que a acompanha independentemente do tratamento que lhe dêem os seqüestradores. Durante o seqüestro, os processos de pensamento tendem a paralisar-se, dando, de acordo com declarações de nossos pacientes, uma estranha sensação de "estar morto". A análise objetiva do que está realmente ocorrendo, o ordenamento das idéias e dos afetos e a seleção de respostas adequadas para reagir ao acontecimento são substituídos por impulsos determinados pelo medo e pelo terror. Algumas vítimas tentam reagir fisicamente e enfrentam conseqüências trágicas, como a própria morte.

Se a pessoa seqüestrada tem algum tipo de treinamento prévio para enfrentar situações de alto risco, consegue conservar sua capacidade de raciocínio, apesar do medo, ordenando suas idéias e atuando adequadamente. Em caso contrário, tendem a responder de maneira automática e caótica, que pouco ou nada têm que ver com o ocorrido, arriscando sua vida e integridade física. A paralisia e o estupor são freqüentemente as respostas mais apresentadas pelas vítimas, tornando-as dóceis e mais facilmente manipuláveis. Por exemplo, como a orientação padrão dada pela DAS é a de que a família não ceda de imediato às exigências de altos valores para o pagamento do resgate (o que, segundo a polícia, levaria os seqüestradores a elevar o valor da extorsão), o seqüestrado, manipulado pelos seqüestradores, pode acreditar que a família está "negociando" sua vida, visando a proteger seu patrimônio, ou não está efetivamente se importando com sua existência. No auge da angústia, após vinte dias de cativeiro, um de nossos pacientes, sabendo que a família teria condições de pagar o resgate, negociou pessoalmente com os seqüestradores, comprometendo-se, ao ser libertado, a lhes pagar a quantia exigida. Mesmo tomando todas as medidas de segurança após a libertação (como a contratação de seguranças particulares, o acompanhamento da investigação e da prisão de um dos seqüestradores), passados dois anos do ocorrido ele ainda continua esperando que venham cobrar dele o combinado ou que seqüestrem um de seus filhos para obrigá-lo a "honrar" o pagamento.

Todavia, de maneira geral, a vítima passa a viver situações inesperadas, em espaços físicos ou locais desconhecidos, em permanente estado de ansiedade e medo cuja intensidade pode variar de confusão mental severa e pranto incontrolável a desesperança profunda. Quando mantida em cativeiro por tempo prolongado, a vítima pode ter alterações severas do sono, predominantemente insônia, pois teme ser morta enquanto estiver dormindo. Podem-se entender a ansiedade e o medo como mecanismos que o seqüestrado tem para adaptar-se e transformar a situação a que está submetido. A presença desses sintomas pode colaborar positivamente para que ele encontre um momento adequado para escapar, ou para que assimile a situação e desenvolva a crença de que ela se resolverá com o tempo. Não é raro que a vítima, mesmo que até então tenha sido desprovida de religiosidade, recorra a preces e promessas para sobreviver. Também não é incomum que, após a libertação, muitas vítimas se tornem adeptas de alguma religião e passem a praticar "atos de caridade". Sob um olhar meramente psicológico e agnóstico, pode-se acreditar que a pessoa esteja "pagando a Deus" o resgate pela sua libertação.

Para muitos estudiosos do tema, os fatores prévios de personalidade e morbidade psiquiátrica têm importância significativa na reação das vítimas. Mas, sem dúvida, os seqüestros marcados por extrema violência e sevícia produzem sempre reações severas, desorganizadas e paralisantes nas vítimas, independentemente de outros fatores. Nos seqüestros relâmpago, as ações mais agressivas e as ameaças interruptas, praticadas por indivíduos aparentemente drogados e/ou alcoolizados, geram, na vítima, a sensação de iminente desfecho trágico. Nos seqüestros com cativeiro, embora a ameaça de morte ou injúria física esteja sempre presente, o maior contato com os criminosos (geralmente bandos organizados e hierarquizados) muitas vezes leva a vítima a estabelecer relações mais amistosas com alguns de seus algozes, que lhes garantem a integridade física desde que o resgate seja pago. As condições adversas em que são mantidos nos cativeiros, porém, são por si sós extremamente estressoras.

Nos seqüestros relâmpago, as ameaças de fuzilamento, os insultos e a utilização de linguagem grosseira têm o objetivo de manter um controle mais efetivo, pois produzem um estado confusional e caótico, facilitando a submissão da vítima. No cativeiro, principalmente naqueles que se prolongam por vários dias ou meses, o estado de ansiedade dos seqüestradores também eleva o medo da vítima, pois as ameaças se tornam mais freqüentes e violentas e passam a incluir ainda os familiares dessa vítima. Outro pensamento aterrorizante nos seqüestros de longa duração é o de que, devido à longa duração do cativeiro, mais cedo ou mais tarde pode haver uma tentativa de resgate por parte das forças policiais, situação que forçaria os delinqüentes a tomar atitudes mais incisivas, como o assassinato da vítima, que, nesse momento, já não vale mais nada.

No seqüestro relâmpago, o maltrato físico é bastante intenso, sem detrimento do sofrimento psicológico. No cativeiro, a privação da liberdade coloca a vítima no limite de proximidade real com a morte, submete-a à condição de objeto de negociação financeira, e traz inúmeras seqüelas negativas para sua auto-estima. As agressões físicas, nesses casos, ocorrem devido à necessidade de os seqüestradores exercerem um controle mais eficiente sobre a vítima, porque as forças policiais podem estar se acercando do local do cativeiro e porque os familiares não cedem às exigências.

Em nossa casuística, há uma vítima que sofreu uma tentativa de enforcamento com fio de náilon momentos antes de ser libertada. Há casos de simulação de tortura (com fotos tiradas de "orelhas de fantasia de carnaval" encharcadas de tintura vermelha), mas há também verdadeiras mutilações de partes do corpo para apresentar aos familiares da vítima e apressar o pagamento do resgate. Outra situação que pode ocorrer, mais emocional que lógica, é quando a vítima se transforma em "bode expiatório" das frustrações e dificuldades dos seqüestradores. Pode-se dizer, sob o ponto de vista psicológico, que, amedrontando e intimidando o seqüestrado, os seqüestradores controlam a própria frustração e o próprio medo.

Cabe apenas mencionar o já amplamente citado fenômeno da "estocolmização", que muitas vezes surge não porque a vítima se identifique realmente com os seqüestradores e suas motivações, mas sim para negar sua condição de vítima, visando a ganhar confiança, minorar o temor e a ansiedade e obter um mínimo controle sobre si mesma e sobre a situação a que está submetida. Como exemplo, pode ser citada uma de nossas pacientes, que foi "seduzida sexualmente" por um dos seqüestradores e chegou a manter com ele um curto romance, mesmo após ser libertada. Ao readquirir sua estrutura psíquica, pôde reconhecer o fato com clareza e maior discernimento, afastando-se completamente do seqüestrador-namorado – mas preservou a identidade desse seqüestrador, e não a revelou aos agentes policiais que acompanhavam o caso.

O PROCESSO DE LUTO PELO QUAL PASSA O SEQÜESTRADO

> Nunca perguntes por quem os sinos dobram.
> Eles dobram por ti.
> *John Donne*

Uma pessoa, ao ser privada de sua liberdade e entregue ao desejo de um estranho hostil, cujas intenções não estão muito claras, tem *a priori* abaladas duas de suas principais crenças: a permanência e a invulnerabilidade. A maior parte dos seres humanos vive de acordo com um plano preordenado: passa a juventude sendo educado, adquire uma profissão, encontra um emprego, procura alguém com quem casar e ter filhos, compra uma casa, tenta ser bem-sucedido em seu negócio e luta por sonhos como o de possuir uma casa de campo ou um segundo carro. Sai de férias com os amigos. Planeja a aposentadoria. Os maiores dilemas com que muitos de nós nos defrontamos são onde vamos passar o próximo feriado ou quem convidaremos para o Natal. Nossa vida é monótona, insignificante e repetitiva, desperdiçada em busca de banalidades, porque parece que não conhecemos nada melhor.

O ritmo da nossa vida é tão febril que a última coisa em que temos tempo de pensar é a morte. Abafamos nosso medo secreto da impermanência cercando nossa vida de mais e mais bens, de mais e mais coisas, de mais e mais confortos, só para nos tornarmos escravos de tudo isso. Nosso tempo e nossa energia se exaurem simplesmente para manter coisas. Nossa única meta na vida logo se torna preservar tudo tão seguro e garantido quanto possível. Quando mudanças ocorrem, encontramos o remédio mais rápido, alguma solução astuta e temporária. E assim nossa vida transcorre, a menos que uma doença séria ou um desastre nos arranque do nosso estupor. Quando esse "desastre" ocorre, como no seqüestro, torna-se subitamente claro que não somos absolutamente "donos do próprio destino". Isso, por si só, já provoca um colapso em crenças preestabelecidas e evoca outro conceito ainda mais arraigado: a vulnerabilidade.

De acordo com Janoff-Bulman (1989), existem três pressupostos básicos (crenças) que estão ligados à avaliação dos indivíduos sobre a própria invulnerabilidade: 1) o mundo é benevolente; 2) o mundo tem significado e é compreensível; 3) o indivíduo vê a si mesmo como competente, decente e útil. Segundo esse autor:

> A vitimização invalida estas crenças fundamentais. As vítimas, como conseqüência, são confrontadas com um dilema: têm de reconciliar os seus anteriores pressupostos (em parte, ilusórios), que deixaram de ser adequados, com a experiência negativa que é demasiado esmagadora para ser ignorada. Conseqüentemente, elas têm de rever e reconstruir os seus pressupostos básicos.

Ao se ver nessa situação, a pessoa sofre com a chamada "dialética dos opostos": onipotência–impotência. Ao perceber a ruína de sua onipotência, a vítima é lançada às mais profundas dores da completa impotência. Uma observação feita por número expressivo de pacientes atendidos no Gorip, tanto vítimas de seqüestro relâmpago quanto vítimas de seqüestro com cativeiro, é a de que, por determinados momentos, o refém tem a sensação de estar morto. Não se trata do medo da morte iminente nem da possibilidade de que, de fato, o assassinato se concretize, mas sim de uma estranha e indescritível vivência do "estado de morto", algo que em nossas mais tenebrosas fantasias não conseguimos imaginar. Para tentar entender esse fenômeno, pode-se recorrer à idéia de que perda e privação estão tão intrinsecamente unidas que é impossível avaliar uma sem a outra. Paradoxalmente, vivendo a morte o seqüestrado desenvolve um sentimento de luto por si mesmo, o que, por si só, pode constituir uma defesa do ego contra a agressão objetiva a que está submetido. Segundo Parkes (1998):

> As técnicas utilizadas pelos seres humanos para enfrentar situações emergentes podem envolver aproximação ou afastamento, e até mesmo elementos de ambos. A teoria da defesa psíquica baseia-se na pressuposição de que há um limite para a quantidade de ansiedade que o indivíduo pode tolerar e, quando este limite é atingido, os indivíduos podem se defender, afastando-se psicologicamente da situação provocadora de ansiedade. Seria um passo muito grande se encontrássemos nesse comportamento um eco da retirada física do animal em perigo. Em nenhum dos casos, a retirada significa necessariamente um fracasso ou rendição, embora também possam ocorrer. Em ambos os casos, a retirada é entendida como a maneira de reduzir o perigo de ser atingido, e a ansiedade é o parceiro subjetivo de um perigo real ou imaginário.

Ampliando a compreensão sobre esse fenômeno, pode-se encontrar na psiquiatria a descrição de dois transtornos dissociativos que ocorrem em situações-limite de tensão. São eles a *despersonalização* e a *desrealização*. A despersonalização é a alteração da sensação a respeito de si próprio; a desrealização é a alteração da sensação de realidade do mundo exterior, sendo preservada a sensação a respeito de si mesmo. Contudo, ambas podem acontecer simultaneamente. A classificação norte-americana atual, apresentada pela APA, não distingue mais a desrealização da despersonalização, encarando-as como o mesmo problema.

Ao contrário do que o nome pode sugerir, a despersonalização não é um distúrbio de perda da personalidade: esse problema, inclusive, não tem nenhuma relação com qualquer aspecto da personalidade normal ou patológica. O aspecto central da despersonalização é a sensação de estar desligado do mundo como se, na verdade, a pessoa estivesse sonhando. O indivíduo que experimenta a despersonalização tem a impressão de estar num mundo fictício, irreal, mas a convicção da realidade não se altera. A desrealização é uma sensação, e não uma alteração do pensamento, como acontece nas psicoses, nas quais o indivíduo não diferencia a realidade da "fantasia". Na despersonalização, o indivíduo tem preservado o senso de realidade, apesar de ter a sensação de que o que está vendo não é real. É comum a impressão de ser o observador de si próprio e até de sentir o "movimento" de saída de dentro do próprio corpo. O seqüestrado, vivendo a real situação de "morte em suspenso", desenvolve sentimentos de autocompaixão e luto por si mesmo, o que hiperboliza sua angústia e seu desespero, fazendo-o desenvolver, também, sintomas de depressão.

A FAMÍLIA DO SEQÜESTRADO

As observações a seguir consideram o período em que a vítima ainda se encontra em poder dos seqüestradores.

A ansiedade e o temor pela possível morte do seqüestrado são tão intensos e intoleráveis que uma parte da família atua negando seus sentimentos e age como se o seqüestrado estivesse apenas temporariamente ausente devido a uma viagem de negócios, por exemplo. Com o passar do tempo, porém, a idéia de morte do familiar seqüestrado se torna cada vez mais presente, desmantelando esse mecanismo de negação e fazendo a pessoa aliar-se à outra parte dos familiares que, desde o anúncio do seqüestro, já apresentavam manifestações de altíssima ansiedade e desespero. Assim, observa-se uma ambigüidade de sentimentos de esperança/desesperança que evoluem de acordo com o desenrolar dos acontecimentos objetivos do seqüestro.

Os silêncios muitas vezes prolongados dos seqüestradores e a ausência de contato com eles estimulam a elaboração do processo de luto, porque é possível que a vítima já esteja morta. Mas novos contatos com os seqüestradores e o envio de "provas de vida" detêm novamente o processo de luto. Pode-se dizer que é uma situação de luto que não se desenvolve por completo; é um processo de elaboração de uma morte que se inicia e não termina, devido à esperança de recuperar com vida o seqüestrado. É um fenômeno que Meluk (1998) denomina "luto interrompido". Em um trabalho apresentado por Trujillo e Vence (1993), são descritas as diversas fases pelas quais passou uma família da qual um membro esteve em cativeiro por cerca de cinco anos.

Há momentos em que a desesperança vence e instala-se o estado de luto, mas logo retoma-se a esperança de encontrar o seqüestrado vivo. A alternância desses estados é, por si só, desesperadora e aniquilante, um vaivém de expectativas que exaurem as forças, levando a um estado de estresse crônico que faz as chamadas "vítimas secundárias" terem comportamento semelhante ao do seqüestrado, vivenciando uma situação de isolamento social, profissional, afetivo e desestruturador do "esquema familiar" – um clima de "luto em suspenso".

"Morte em suspenso" e "luto em suspenso" são conceitos que procuram definir a situação dos familiares e agregados que, perante a ausência de notícias sobre o destino ou o corpo de um ser querido, iniciam um processo de luto que não se concretiza devido à esperança de que, a qualquer momento, a pessoa apareça com vida. Somente com o passar do tempo (que pode durar anos, em particular nos seqüestros políticos, felizmente não registrados no Brasil), a esperança converte-se na evidência da morte ou, ao menos, do não-regresso – certeza essa que nunca será plenamente realizada. Essa situação vivida pela família reacende a discussão sobre "trauma" e "estresse", a respeito da qual cabe citar a concepção elaborada por Brandão (s/d):

> O estresse definido como fatos incompreensíveis que não sabemos lidar está embutido no trauma. Não existe trauma sem estresse, mas existe estresse

sem trauma. A diferença a nosso ver está no choque. Uma situação estressante não é necessariamente uma situação chocante. Uma situação estressante é uma situação problemática que não estamos capacitados momentaneamente ou permanentemente a resolvê-la.

O trauma caracteriza-se por uma grande situação de perigo, mesmo que não seja entendida como tal. Essa situação leva o organismo a uma espécie de choque. Se for seguida pela impossibilidade de resolvê-la ou mesmo de lidar com ela, é uma situação de estresse também. Daí o termo "estresse pós-traumático".

Por fim, observa-se também que se cria na família uma situação muitas vezes caótica devido às opiniões divergentes de seus membros sobre quais procedimentos devem ser adotados para reaver o ente desaparecido. Essa situação de crise familiar traz à tona dinâmicas até então ocultas, com troca de acusações, brigas, desentendimentos. Gera-se, enfim, uma "crise familiar" que tende mais a atrapalhar do que a ajudar na condução do processo de negociação com os seqüestradores. A orientação dada por especialistas no assunto e pela própria DAS é a de que, nessas circunstâncias, seja criado um "comitê de crise", no qual todos os membros da família e agregados tenham papéis bem definidos e subordinados a um "gerenciador da crise", que tomará decisões soberanas e indiscutíveis. Nesse cenário, o papel mais crítico é o do "negociador", que de preferência não deve ser um membro da família, mas sim alguém especializado em lidar com essas situações. Após a libertação da vítima, muitos dos membros da família podem vir a apresentar os mesmos sinais e sintomas do TEPT.

CONSIDERAÇÕES IMPORTANTES

Analisando os dados de anamnese, os resultados obtidos com a aplicação das escalas mencionadas e a análise estatística destas, pode-se concluir, em relação às hipóteses testadas, que:

1 As vítimas de seqüestro, tanto aquelas que permaneceram dias em cativeiro quanto as que sofreram por poucas horas nas mãos dos bandidos (seqüestro relâmpago), apresentam, de fato, um tipo de transtorno psíquico compatível com o diagnóstico de transtorno de estresse pós-traumático, cuja magnitude é elevada.

2 Esse transtorno prejudica as principais funções psíquicas ligadas à ansiedade e ao medo, provocando um efeito devastador que permanece por longo período e pode incapacitar o indivíduo para suas atividades do cotidiano, notadamente no trabalho, no lazer e na vida afetiva.

3 A magnitude desse distúrbio foi avaliada levando em conta não apenas a observação clínica, mas também os dados obtidos pela análise das escalas aplicadas.

4 Observou-se, como mostrado pelas escalas aplicadas, que não há diferenças significativas entre o transtorno de estresse causado após o trauma de seqüestro com cativeiro e o trauma de seqüestro relâmpago.

5 Observou-se, também, que não há variação estatística nem clínica na magnitude do transtorno de estresse sofrido tanto por homens quanto por mulheres. Também não há essa variação quanto à idade da vítima.

6 Estas observações podem, enfim, efetivamente fornecer elementos relevantes tanto para psiquiatras forenses em suas perícias como para membros do Ministério Público e da Magistratura em suas considerações na análise de casos semelhantes.

Este é o primeiro livro derivado de um trabalho acadêmico realizado no Brasil que mostra a importância do crime de seqüestro, particularmente os breves e os prolongados, no desencadeamento do transtorno de estresse pós-traumático e de todas as suas nefastas conseqüências para o indivíduo e para a sociedade.

O principal objetivo político deste trabalho é mostrar, principalmente ao Poder Público, que há seres humanos padecendo terrivelmente à mercê da própria sorte. Os indivíduos que os seqüestraram e fugiram, por diversos motivos não foram encontrados pela polícia. E se foram eventualmente parar em alguma delegacia, certamente alguma ONG (organização não-governamental) ou mesmo a OAB (Ordem dos Advogados do Brasil) veio prontamente em seu socorro.

E não é apenas a chamada "vítima primária" (o seqüestrado) que sofre com tudo isso, mas também toda uma família absurdamente atordoada e eternamente "traumatizada". São pessoas que estavam vivendo sua vida – com dificuldades e sofrimentos, mas de forma honesta e humana – e se viram, de um momento para outro, mergulhadas na tortura de uma cadeira de rodas, de uma cama hospitalar, da beirada de uma sepultura.

Em uma visão um tanto superficial da realidade que nos cerca, podemos reparar que há muito mais gente e organizações preocupadas com os deliqüentes do que com suas vítimas.

O professor doutor José Maria Marlet, ex-professor titular de Medicina Forense e Criminologia da Faculdade de Direito da USP, diz com grande propriedade: "A sociedade se preocupa mais com o autor, que a ameaça com sua conduta, do que com a vítima, que sofre as conseqüências do ilícito penal".

4. Proposta de tratamento do transtorno de estresse pós-traumático

Há algum tempo, vi uma *charge* de Luis Fernando Verissimo, no jornal *O Estado de S. Paulo*, que influenciou profundamente meu modo de pensar o mundo em que vivemos nos dias de hoje. Nessa *charge*, um pai ameaçava o filho, dizendo que escreveria ao Papai Noel para contar a ele as travessuras do menino, ao que este exclamou: "Escrever por quê? Papai Noel ainda não está na Internet?" Confesso que levei um susto enorme e percebi, não sei se tardiamente, que o mundo havia realmente mudado... E essa mudança – passei eu a prestar mais atenção – acontecia em todos os campos do conhecimento: das comunicações via satélite à imagem diagnóstica por computador, dos sistemas político-econômicos às discussões filosóficas, dos modos e costumes da sociedade à maneira de se encarar a vida e a morte.

O conceito de transtorno de estresse pós-traumático surge apenas no início da década de 1980, quando foi publicada a terceira edição do *Manual Diagnóstico e Estatístico dos Transtornos Mentais (DSM-III)* da Associação Americana de Psiquiatria.

Esse conceito, se não inédito, pelo menos dava uma nova característica aos quadros psíquicos apresentados por diversas pessoas depois de expostas a situações de intensa carga emocional e que, até então, eram vistas apenas como respostas normais aos agentes traumatizantes.

Com o avanço dos estudos dessa patologia, como foi explicado anteriormente, foram observados não apenas fenômenos psicológicos, mas também alterações biológicas que poderiam ser as causas do transtorno social de grande impacto.

Os anos 1960 e 1970 haviam sido marcados por enormes influências da chamada "antipsiquiatria", que tinham em Ronald Laing e David Cooper seus principais defensores. Essa corrente deixava os critérios biológicos completamente de lado, valorizando ao extremo a psicologia e a sociologia.

Já os anos 1990, considerados "a década do cérebro", trouxeram importantes conhecimentos sobre a biologia cerebral, graças, principalmente, ao esforço da indústria farmacêutica de procurar medicações mais eficientes e com menos efeitos colaterais do que as até então existentes.

Esta verdadeira revolução de conceitos deixou a psiquiatria – e, particularmente, da psicoterapia, presa a conceitos quase todos datados da passagem do século XIX ao XX ou, no máximo, da primeira metade do século XX –, um tanto quanto alheia a essas mudanças.

Ao participar do XXI Congresso Brasileiro de Psiquiatria, em Goiânia, em 2003, pude perceber que grandes mudanças estavam acontecendo. A chamada psiquiatria biológica ocupava quase todos os espaços, inclusive com um minicongresso particular, premiações por trabalhos e uma badalação danada, causando mesmo um envergonhante sentimento de inveja! À psicoterapia ficaram reservados poucos espaços, todos com freqüência elevada, porém com seus velhos discursos e poucos resultados. Lembrei-me, também, de diversos artigos publicados na imprensa leiga nos últimos anos, todos apresentando a psicoterapia quando não ironicamente, pelo menos como um método de eficácia duvidosa e extremamente onerosa.

Confesso que minha primeira vontade foi negar aquilo tudo e simplesmente atribuir ao poder econômico todo esse movimento. Resolvi, porém, procurar uma solução mais saudável que a simples racionalização e passei a observar melhor os fatos e acontecimentos. Passei a observar que minhas prática e conduta terapêuticas já haviam mudado, sem que eu me desse conta. Foi outro grande susto!

Já havia muitos anos, vinha me dedicando à psicoterapia breve, sistematizando um processo terapêutico adequado às situações de crise, da prática hospitalar e ao momento econômico que vivemos (sempre muito conturbado). Nesse trabalho, que foi comparado a uma "campanha de guerrilha" por Fonseca Filho, todos os recursos disponíveis são válidos, desde que se atinja o objetivo pretendido, ou seja: o auxílio, a ajuda ao paciente em sofrimento. O próprio Fonseca Filho, em seu *paper* apresentado no I Simpósio de Psiquiatria Psicodinâmica, realizado em 1996 pelo Serviço de Psicoterapia do Instituto de Psiquiatria do HCFMUSP, afirmou:

> A psicoterapia, em seu sentido genérico, como prática que se propõe a ajudar pessoas com sofrimentos psicológicos, mesmo que com distúrbios orgânicos (psicoterapia de pacientes com câncer, de coronarianos, ou mesmo de doentes mentais de causa orgânica ou bioquímica), se adaptará às novas ordens científica, cultural e econômica. Entre elas existe a tendência de comprovação científica (matemática) de resultados, mesmo que para isto se empreguem somente os critérios das ciências físicas ou biológicas e não, também, os das ciências humanas, onde as psicoterapias estão igualmente inseridas. Esta é uma pressão que, apesar dos protestos em contrário, implantará na psicoterapia do século XXI uma política de resultados. Outro fator de pressão para "resultados" situa-se na tendência do mundo ocidental, especialmente do primeiro mundo, de submeter o atendimento médico aos seguros-saúde. Desta forma, as psicoterapias ficarão atreladas às companhias de seguro, privadas ou públicas, que exigirão psicoterapias breves, com resultados objetivos e pouco dispendiosas.

Franz Alexander, que pode ser considerado o precursor dessa postura, já afirmara em 1940 a necessidade de se inserir métodos alheios à própria estrutura teórica da psicanálise, com a finalidade de minimizar a dor de quem procura um psicanalista. Antes dele, Ferenczi também pensava assim. Por que, então, permanecer refratário a essas "novas idéias" (que como podemos observar não têm nada de novas)? Apenas uma nova amplitude está sendo dada ao conhecimento. Da atitude ativa de Ferenczi às massagens e flexibilizações terapêuticas propostas por Alexander, surge agora uma enorme possibilidade de ação com os novos psicofármacos. Vera Lemgruber, psicóloga e psiquiatra, coordenando uma mesa-redonda no XIII Congresso Brasileiro de Psiquiatria, realizado em 1994 em Goiás, afirmou que há um grande movimento de psicólogos norte-americanos visando a um maior acesso às informações, ao conhecimento e mesmo à prática da utilização de medicação em seus tratamentos. O próprio uso, hoje comum, de medicações "alternativas", como os florais de Bach, por grande número de psicólogos revela essa tendência. Entre os psiquiatras, apenas aqueles fixados ferrenhamente em posturas teóricas rígidas e ortodoxas, tanto psicodinâmicas quanto "biológicas", mantêm-se afastados dessa atividade que, segundo Lemgruber, cada vez é mais utilizada na prática clínica.

O que há de realmente novo nesse campo é que, nestes últimos anos, uma quantidade enorme de descobertas tem se apresentado em psicofarmacoterapia – o que não acontecia desde 1952, quando surgiram os primeiros e revolucionários trabalhos sobre a clorpromazina. Os inibidores seletivos da recaptação da serotonina (ISRS) são um exemplo marcantemente espetacular dessa revolução – não tanto pela ausência ou minoração dos efeitos colaterais dessas drogas em relação às suas antecessoras, mas sim pela sua amplitude de ação que extra-oficialmente escapa das indicações clássicas dos quadros depressivos. Essas drogas mostram, na prática e mesmo em experimentos realizados com animais, que a ação da serotonina não se restringe ao estado de humor, mas atinge instâncias muito mais amplas e complexas, agindo na sensação de segurança, coragem, confiança, autovalorização e calma, jovialidade.

Mais recentemente ainda, a indústria farmacêutica (acompanhando em uma velocidade espantosa as pesquisas bioquímicas que a cada dia descobrem novos neurotransmissores e neurorre-ceptores) vem apresentando novos psicofármacos, procurando não só aumentar a eficácia terapêutica e reduzir os efeitos colaterais dessas medicações, mas, também – e principalmente –, melhorar a qualidade de vida dos pacientes.

Os conhecimentos nas áreas da genética e da fisiologia celular apresentam avanços espetaculares. Alguns ainda têm caráter especulador, mas demonstram ações e interações antes inimagináveis entre medicamentos e citocromos mitocondriais coordenados por atividades gênicas específicas. Ficamos, no entanto, ilhados nessa plêiade de conhecimentos. Talvez influenciados pelos movimentos ditos alternativos dos anos 1960, como a antipsiquiatria de Cooper e Laing, assumimos altaneiramente a bandeira cartesiana da dicotomia mente–corpo, mente–cérebro, abandonando a parte biológica que compõe indiscutivelmente o indivíduo.

É fato constatado que o comportamento do indivíduo influencia os processos bioquímicos cerebrais e há uma evidência crescente de que processos psicossociais provocam alterações nos mecanismos neuroquímicos dos indivíduos. Em um estudo de Michael McGuire (*apud* Kramer, 1994), uma equipe de pesquisa avaliou a hierarquia de dominância em bandos de macacos *vervet* cativos. Os pesquisadores notaram que, em cada bando, havia um macho com níveis séricos de serotonina notavelmente elevados, cabendo a ele o papel de liderança do bando. Em continuidade à pesquisa, o macaco líder era afastado temporariamente do grupo e constatava-se que seu nível sérico de serotonina decrescia consideravelmente, assim como aumentava o nível de serotonina de quem assumisse a liderança nesse ínterim. Quando o antigo líder retornava ao bando, em pouco tempo os níveis de serotonina voltavam aos padrões iniciais, assim como a hierarquia de dominância se restabelecia. Em um estudo complementar, foi ministrado ao macaco que assumiu a liderança na ausência do líder nato uma medicação (um ISRS) que mantinha elevado o nível de serotonina, mesmo quando o líder original retornava. Não obstante, o líder original assumiu seu antigo papel de liderança, mostrando que há outras características envolvidas na organização social que não apenas a serotonina.

Muito embora tenham 90% de estrutura genética coincidente, pessoas não são – obviamente – macacos, mas esse experimento serve de base para compreendermos de forma integrada a definição de ser biopsicossocial do homem. O doutor Roger Sperry, cientista americano ganhador do Prêmio Nobel de Fisiologia e Medicina de 1981, apontou o determinismo bidirecional como a nova maneira de agir contra a antiga contradição mente–cérebro, procurando quebrar o anacrônico paradoxo irreconciliável à medida que agregava as funções psíquicas como epifenômenos do funcionamento neuronal aos macroprincípios modernos de causalidade mental, exatamente por meio dessa visão inegável de interação, como a demonstrada no experimento de McGuire.

Hoje em dia, tem-se observado, na prática, que aqueles que adotam uma postura eminentemente psicodinâmica na compreensão dos sofrimentos humanos mantêm-se aferrados em seus conceitos e tardam a ajudar, de fato, seus pacientes. Há mesmo quem justifique a manutenção da dor psicológica como um elemento catalisador do processo terapêutico, acreditando na "dor como instrumento de transformação". Não nego que isso seja possível, mas questiono o conteúdo sadomasoquista dessa posição. Por outro lado, vejo aqueles que assumiram uma posição dita biológica, autoproclamando-se "médicos de verdade", adotarem posturas que se assemelham muito ao que ocorre com a medicina clínica de maneira geral. Isto é, um certo grau de desprezo pelo paciente e a valorização da doença em detrimento do doente. Esse descaso com o paciente é queixa comum de muitos que, em momentos aflitivos, recorreram à medicina – principalmente pacientes ditos "terminais". A situação chegou a tal ponto que levou a OMS a formular aos médicos uma recomendação especial de atenção a esse tema específico (embora esse descaso ocorra com tanta freqüência que, a meu ver, deveria ser estendido a todo e qualquer paciente).

Os conhecimentos filosóficos, tecnológicos, psicológicos e biológicos devem permitir a possibilidade de tratar o ser humano como um todo indissolúvel. Ao tratarmos dos sofrimentos mentais das pessoas, não podemos incorrer no mesmo erro ético de muitas especialidades médicas que se esquecem do indivíduo para centrar sua atenção em seus órgãos ou patologias; é preciso redimensionar o pensamento para a equação etiológica cuja resultante será sempre a função de diferentes vetores: os constitucionais (genéticos, hereditários), os emocionais (intrapsíquicos e relacionais) e os ambientais (desencadeantes incidentais externos). No plano gráfico, é como imaginar um poliedro tendo cada uma dessas linhas de conhecimento (constitucional, emocional e ambiental) em seus vértices e a pessoa, como um holograma, alocada no ponto nodal do sistema (o chamado "centróide").

Assim, a verdadeira ação terapêutica, aquela que visa a encontrar um caminho para ajudar a quem recorre a ela, não deve, a meu ver, estar presa a modelos políticos, econômicos ou mercadológicos, nem permitir que desacordos ideológicos intensos e radicalizados nublem a visão da constituição biopsicossocial (enfim, global) da pessoa. Essa é uma postura biológica, em essência, pois aceita integralmente a equação genética de que o fenótipo deriva da interação de agentes genotípicos com os paratípicos. Embora biológica, essa postura nos obriga a transgredir os pressupostos consagrados da chamada "ciência moderna" que, nestes quatrocentos anos de hegemonia, procurou explicar todos os fenômenos sob o ponto de vista exclusivamente matemático.

No século XXI, o conhecimento científico está em ebulição. Os conceitos e preconceitos se digladiam em busca de uma conciliação entre si e de uma reconciliação com o ser humano. Na insegurança que prepondera na falta de "certezas" absolutas, abre-se o caminho para o exercício árduo de nossa espontaneidade, tal qual definida por Moreno: a de encontrar respostas hábeis e adequadas às situações novas que se apresentam. Não há dúvida, entretanto, de que esse desenvolvimento sempre crescente, renovador e muitas vezes conflitivo de teorias e métodos produza de imediato uma desorientação. A solução, porém, não é – como disse no início desta explanação – negar os fatos e ignorar as novas produções, refugiando-se em encastelamentos teóricos sedutores e facciosos. O cenário psicoterapêutico recente, ainda que permita divagações teóricas da mais alta qualidade científica e cultural, abre cada vez mais espaços para uma ação incisiva contra o sofrimento humano. Essa heterogeneidade, apesar de muitas vezes caótica, representa na verdade um movimento eclético, crítico em seu desenvolvimento. É, na realidade, uma crise de desenvolvimento bastante positiva, pois deve resultar, se assimilada e incorporada com competência e comprometimento, numa ampliação significativa da prática psicoterapêutica.

O ecletismo é, em si, um ponto de vista que existe por tanto tempo quanto a própria filosofia. Ainda que tenha sua origem atribuída ao século II, na Alexandria, teve seu apogeu no século XIX e, tendo sido bastante denegrido ao longo do tempo, perdeu tanto de seu valor epistemológico que se torna válido defini-lo, tentando esclarecer seu real significado. A palavra "ecletismo" provém de uma palavra grega cujo significado é "selecionar". Isso, por si só, ainda que de modo simplista, impede a forma caótica como se pretende entender o ecletismo, mesmo que a ausência de uma sistematização adequada contribua em muito para que ele seja visto como caótico. Não são poucos, porém, os que hoje em dia procuram organizar todo esse conhecimento a favor das pessoas, e não das teorias. Donald Lunde (1978) apresenta uma síntese deste pensamento:

> Uma formulação mais apropriada [para o ecletismo] seria a de que existe alguma verdade em muitas teorias que foram propostas com seriedade, e que existem muitas questões que permanecem sem solução. Um verdadei-

ro eclético tenta conservar sua mente aberta a fim de perceber o elemento de verdade em qualquer teoria, antiga ou nova, assim como tenta manter uma dose apropriada de ceticismo quanto às questões não resolvidas.

O terapeuta moderno, o verdadeiro agente de "ajuda", deve estar atento e ciente da variedade técnica, incorporando todo esse arsenal em prol de seu paciente, desenvolvendo o próprio estilo de relacionamento com cada um e ajudando-o a conscientizar-se das várias microestruturas responsáveis por seu comportamento, seus sentimentos, seus desejos e suas reações. Terapeuta e paciente devem aprender juntos a manejar essas diferentes peças de uma estrutura extremamente complexa, que necessitam ser equilibradas em seu benefício. Há, porém, uma questão bastante importante a ser assinalada (que, embora óbvia, chega a passar despercebida por muitos observadores): mesmo para aplicar fragmentos de certa teoria, é fundamental ter o conhecimento ontológico da teoria como um todo. Não são raras as citações na literatura que apresentam a ação terapêutica de certa "corrente psicoterápica" como inadequada, desqualificando-a quando, na verdade, o que houve foi um emprego grosseiro e mal informado de um procedimento válido

A evolução da ciência médica – que ainda chegará a integrar claramente os conceitos de mente e cérebro, aliando a descoberta de novas drogas psicoativas a processos psicoterapêuticos eficazes – permitirá prestar uma ajuda adequada às pessoas em sua busca (muitas vezes desesperada) de si mesmas. Ao contrário do pensamento comum, quase todos os psicoterapeutas criadores de linhas de pensamento, como Freud, Moreno e até o pessoal de Palo Alto (das teorias de comunicação na gênese da esquizofrenia), como Bateson e colaboradores, deixaram em seus escritos uma porta aberta para o biológico. Freud, o maior e mais combatido ícone da compreensão psicodinâmica da natureza humana, também não se omitiu a respeito de possíveis fatores puramente biológicos que pudessem estar, de alguma forma, associados aos transtornos psicológicos. Em seu clássico trabalho "Inibições, sintomas e ansiedade", publicado em 1926, marco fundamental no estudo da metapsicologia freudiana, há (dentre outras) dois trechos que merecem ser observados:

> Entre os fatores que desempenham seu papel na origem das neuroses e que criam as condições sob as quais as forças da mente são lançadas umas contra as outras, surgem três de forma proeminente: um fator biológico, um filogenético e um puramente psicológico.
>
> A solução ideal, pela qual os médicos ainda anseiam, seria descobrir certo bacilo que pudesse ser isolado e cultivado numa cultura pura e que, quando injetado em alguém, invariavelmente produzisse a mesma doença; ou, expressando-o de forma um tanto menos extravagante, demonstrar a existência de certas substâncias químicas cuja administração provocasse ou curasse neuroses específicas. Mas a probabilidade de uma solução dessa espécie parece pequena.

Passados mais de oitenta anos desde a publicação dessas palavras de Freud, a probabilidade que ele dizia ser pequena (mas não inexistente), naquela época, é hoje uma realidade cada vez mais flagrante e inquestionável.

Gregory Bateson, Don Jackson e outros pesquisadores da Universidade de Palo Alto, na Califórnia, desenvolveram na década de 1970 uma série de estudos sobre pacientes com esquizofrenia em que se evidenciava o papel fundamental das relações familiares e seus modos de comunicação na gênese do processo esquizofrênico, notadamente a teoria do duplo vínculo. Tais observações são relatadas no clássico livro de 1970, *Interação familiar*, no qual, embora toda a ênfase seja dada aos aspectos comunicacionais pertinentes às situações familiares, não é raro encontrar a afirmação de que o "sucesso esquizofrenizante" dessas patologias da comunicação só encontra eco em pessoas predispostas à doença, isto é, nas quais algum outro fator, talvez genético ou bioquímico, tenha propiciado o terreno fértil para o desenvolvimento da doença.

J. L. Moreno – para citar alguém que me é mais familiar – definia a espontaneidade genericamente como a capacidade de um indivíduo para enfrentar adequada e livremente cada nova situação. Embora se contradiga em muitos pontos de sua teoria do psicodrama, ele acredita em um "fator e" (de "espontaneidade") como responsável por essa aptidão – fator que conteria em si numerosos elementos inatos e aprendidos. Não poderia ser um dos fatores inatos a capacidade para produzir esta ou aquela catecolamina em quantidades diferentes? A dificuldade no exercício da espontaneidade estaria tão-somente relacionada aos fatores psicossociais? Ou, talvez, a base da espontaneidade não seria possivelmente a quantidade de serotonina que o indivíduo está habilitado a produzir? Verdade que isso é apenas uma especulação, mas por que descartá-la *a priori*? Assim como nas experiências com os macacos *vervet*, a serotonina não é o todo, não é suficiente para explicar os fenômenos; mas não será necessária? À luz de minha compreensão atual, que reconheço como eclética, acredito que sim. Acredito mesmo em um potencial biológico, geneticamente herdado, semelhante à produção de melanina na determinação da cor da pele, uma herança poligênica multifatorial que permite diferentes gradações de uma mesma característica. Até mesmo casos extremos, como a depressão endógena ou a esquizofrenia, se enquadrariam nesse esquema, assemelhando-se ao albinismo. Seria, então, repito, esse potencial biológico necessário, mas não suficiente, para determinar o modo de ser de cada indivíduo.

Por fim, vale a pena voltar ao princípio biológico que reza ser o fenótipo o resultado da interação do genótipo com o meio ambiente. Um ou outro predomina em uma ou outra situação, mas sempre estão presentes os dois. Por que nos processos psicológicos seria diferente? Na teorização de minha prática psicoterápica, vejo a farmacoterapia e a psicodinâmica exatamente como duas retas paralelas: não se encontram no mesmo momento, porém caminham na mesma direção e sentido, cruzando-se em um ponto no infinito. Enquanto vasculho a alma da pessoa em suas dinâmicas e defesas, procuro dar o suporte basal à sua estrutura caracterológica ou de temperamento, por meio da ação de medicamentos de uso controlado e temporário que não só facilitam o desenvolvimento do processo, como permitem alcançar mais rápida e eficazmente os pontos de equilíbrio necessários. A psicóloga e psiquiatra carioca Vera Lemgruber é uma das primeiras vozes de renome a salientar a importância de uma psicoterapia breve integrada. Atualmente, ela busca implantar na Santa Casa de Misericórdia do Rio de Janeiro um trabalho semelhante ao nosso no Gorip, para atender vítimas da violência urbana.

TRATAMENTO FARMACOLÓGICO DO TEPT

Após essa longa digressão sobre a abordagem biopsicossocial do ser humano, voltamos nossos olhos para o paciente com transtorno de estresse pós-traumático.

Quando um paciente com esse quadro nos procura, seu estado de espírito está mesmo no "fundo do poço", e não há abordagem psicoterápica suficientemente rápida para abrandar seu sofrimento imediato. Atualmente, desenvolvem-se em ritmo bastante rápido os estudos da linha terapêutica chamada EMDR (*Eyes Movement Desensitization and Reprocessing*), criado pela norte-americana Francine Shapiro, que se propõe tratar as vivências traumáticas em curtíssimo prazo. Apesar de bastante valioso, esse método ainda encontra algumas resistências em nosso meio, principalmente no acadêmico, pois é considerado apenas uma variação da hipnose, sem comprovação científica.

Nesses casos, proponho uma terapia medicamentosa de urgência com ansiolíticos, visando única e exclusivamente diminuir sua ansiedade imediatamente e lhe devolver a possibilidade de ter um sono reparador. Como se sabe, o uso de ansiolíticos não deve ser prolongado, pois, embora produzam a sensação de melhora, são medicações que apresentam o caráter de tolerância (exige-se cada vez doses mais elevadas) e dependência – sem elas o paciente retorna ao seu quadro de ansiedade original.

O que se indica, então, para um tratamento mais profundo, é a utilização de medicações como a sertralina ou a paroxetina, antidepressivos com ação ansiolítica aprovados pelo FDA (*Food and Drugs Administration*) para o uso em TEPT. Na minha experiência pessoal, tenho obtido excelentes resultados com o uso da paroxetina, em doses de 20 mg ou 40 mg por dia. Via de regra, em pouco menos de uma semana o paciente consegue restabelecer um certo equilíbrio e já pode prescindir da medicação ansiolítica.

A utilização de psicofármacos deve seguir estreita observação médica, pois seus efeitos colaterais e interações medicamentosas podem trazer inúmeros danos ao paciente. O uso concomitante com álcool potencializa expressivamente em alguns pacientes os efeitos da medicação, sendo recomendável suspender a ingestão de bebidas alcoólicas na vigência do tratamento.

É sempre bom lembrar que "cada pessoa é uma pessoa" e nem sempre o que serve para um terá o mesmo efeito em outro paciente. Cabe ao clínico avaliar com assiduidade a evolução do paciente e não ter receio de mudar a medicação que "não está dando certo". É o bom senso e o senso crítico, aliados ao conhecimento da farmacologia, que devem orientar o médico na indicação desse ou daquele medicamento.

Há tempos, achava-se que a resposta de determinado paciente a um remédio específico devia-se a fatores "meramente psicológicos". Hoje se sabe que as diferentes reações aos medicamentos são devidas à sua interação com citocromos hepáticos que, por seleção natural, podem estar ou não presentes naquela pessoa. Assim, determinada substância não seria devidamente metabolizada no fígado do paciente e, em vez de lhe trazer os efeitos benéficos, poderia apenas provocar efeitos colaterais indesejáveis.

Fugindo da visão clássica da alopatia e penetrando em um terreno cheio de senões pela ciência oficial, chego a acreditar em

alguns conceitos da homeopatia e da acupuntura que reconhe-
cem problemas hepáticos "fisiológicos" e "energéticos" interferin-
do na evolução do quadro clínico e na ação medicamentosa. Não
ouso adentrar esse campo do conhecimento, pois ele me é totalmente desconhecido, mas minha experiência clínica tem de-
monstrado, ao longo de todos esses anos, que esta hipótese é
sempre uma variável a se considerar.

Volto, então, à visão global do paciente, lembrando que a medicação é apenas uma das formas de "atacar" o problema, a biológica, mas que, sozinha, trará apenas efeitos paliativos, e não
resolutivos. A recomposição de neurotransmissores provocada
pela ação farmacológica apenas dará ao paciente mais "força biológica" para enfrentar os verdadeiros fantasmas que lhe estão as-
sombrando a existência, escondidos em seu inconsciente.

TRATAMENTO PSICOTERAPÊUTICO DO TEPT

No capítulo sobre as ações psicodinâmicas do transtorno de estresse pós-traumático, acredito ter deixado claras as evidências de que
o trauma atual, no momento da ruptura dos mecanismos habituais
de adaptação e defesa, traz à tona uma problemática anterior vivida
pela pessoa em seus pequenos "traumas do cotidiano".

Na verdade, como diz Caetano Veloso, "de perto ninguém é
normal", e todos temos guardados no inconsciente pequenas ou
grandes frustrações vividas ao longo da nossa existência. Nossos
mecanismos de defesa psicológicos, no entanto, tratam de manter esses conflitos e angústias guardados – muito bem guardados
– nos recônditos do inconsciente, de modo que, embora eles
possam influenciar este ou aquele movimento em nossa vida,
não chegam a causar maiores problemas.

Com a força emocional do impacto traumático atual ocorre,
então, um rompimento dessas barreiras de defesa, permitindo que
assomem, se não ao consciente, a um plano pré-consciente, cada

uma das pequenas feridas que estavam lá adormecidas. Como o trauma atual, em si, já é demolidor, a soma dos efeitos desses traumas passados provoca um verdadeiro caos na mente, o que leva ao fenômeno disruptivo e à conseqüente desorganização do sistema psíquico, causando os inúmeros sintomas do transtorno.

A forma, então, de se abordar toda essa situação, é a psicoterapia breve focal tematizada.

Mas o que significa isso?

Na verdade, não se tratarão TODOS os problemas vivenciais do paciente, mas o terapeuta penetrará em seu caos psicológico e lhe mostrará como cada um dos "pequenos" acontecimentos de sua vida estão influenciando seu desajuste atual.

Por meio da condução, ponto a ponto, cena a cena, de seus traumas, o paciente pode perceber que é capaz de enfrentar cada um deles, como até já o fez no passado, e que esse trauma atual – ainda que terrível e aterrorizante – é mais uma experiência que se soma ao conjunto de vivências que experimentou ao longo da vida.. E assim como aquelas experiências frustrantes da vida normal lhe deram força e maturidade para enfrentar o cotidiano, o novo trauma lhe dá oportunidade de inseri-lo no "rol" de experiências de vida e lhe mostra que, agora, ele é um sobrevivente de uma situação terrível – o que lhe dá mais força para enfrentar as vicissitudes da vida.

O trabalho terapêutico, conduzido com cuidado e experiência, vai, aos poucos, permitindo ao paciente entrar em contato com situações dolorosas e expressá-las pelo choro e por uma emoção muito forte (catarse).

A vivência atual, catastrófica, dilui-se no conjunto vivencial da pessoa e lhe permite o *insight* de que esta vivência simplesmente representou – de forma cruel e emblemática – uma série de seqüestros e limitações que a vida lhe impôs.

O quadro 4 mostra, de forma esquemática, como a psicoterapia focal atua, alinhavando o trauma presente aos traumas passados, e sua resolução após o reconhecimento destes.

Quadro 4 – Terapia focal

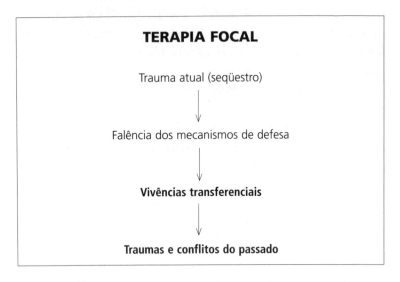

Quando a terapia é realizada em grupo, tem-se ainda a vantagem de que a pessoa pode perceber que não está sozinha nesse mundo cruel e que suas experiências são comuns aos outros que compartilham com ela esta dor.

Uma situação muito marcante para mim foi a declaração de um senhor de 60 e poucos anos de idade que ficou cerca de trinta dias em cativeiro e foi libertado após o pagamento de cem mil reais. Na sessão final do grupo de que fez parte, observou: "Finalmente pude constatar a fragilidade da vida e como não vale a pena ficar preocupado excessivamente com o futuro, pois ele pode nunca chegar. Se antes eu comprava uma garrafa de vinho por vinte reais para economizar, agora me permito comprar uma de cem reais e viver a vida!"

TRATAMENTO SOCIAL DO TEPT

Infelizmente este é o único ponto em que nossa competência de trabalho se esgota. Como tratar essas pessoas e lhes garantir que nunca mais passarão por tal situação? Como evitar que um de nossos pacientes não fique com a "cicatriz" da hipervilância e o medo de passar por tudo aquilo novamente?

O clima de insegurança pública que ainda domina nosso país é enorme e cresce a cada dia. O que vemos são pessoas seqüestradas em casa, cercadas de sistemas de segurança e atentas a qualquer movimento estranho ao seu redor.

O que podemos fazer – e fazemos – é mostrar-lhes que agora eles estão mais fortalecidos para enfrentar a agressividade da vida. Podemos também incentivá-los a se engajar em algum movimento social que, de forma sublimada, lhes dê mais estímulo para viver.

Porém, não são poucos os nossos pacientes que, assim que podem, mudam de cidade ou mesmo de país. Não vejo como apagar da mente de uma pessoa seqüestrada a frase que acompanha o discurso de quase todos os nossos pacientes: *"Ninguém é mais o mesmo depois de passar por uma experiência dessas!"*

Referências bibliográficas

ABDALA-FILHO, E.; GARRAFA, V. "Recursos de proteção utilizados por psiquiatras durante o exame pericial: uma análise bioética". In: MORAES, T. (org.). *Ética e psiquiatria forense*. Rio de Janeiro: Ipub/ Cuca, 2001, p. 41-5.

ALEXANDER, F.; FRENCH, T. M. *Terapêutica psicoanalítica*. Buenos Aires: Paidós, s/d.

"ANÁLISE: informação e atualização científica. Dignidade até o fim". Boletim Mensal do Laboratório Fleury. São Paulo, n. 29, ano 7, p. 10-12, novembro de 2006.

APA – *American Psychiatric Association*. *Manual diagnóstico e estatístico de transtornos mentais (DSM-IV)*. 4. ed. Porto Alegre: Artmed, 2000.

ARAÚJO, C. A.; LACERDA, A. L. T.; BRESSAN, R. A. "Achados de neuroimagem no TEPT". In: MELLO, M. F. *et al. Transtorno de estresse pós-traumático (TEPT): diagnóstico e tratamento*. Barueri: Manole, 2005, p. 68-96.

AWAD, E. M. *Você acredita em mim?* São Paulo: Novo Século, 2002.

BALLONE, G. J. Transtorno do estresse pós-traumático. 2002. Disponível em: <http://www.psiqweb.med.br>. Acesso em: jul. 2007.

BARBA, A. C. "Evaluación forense e del trastorno de estrés postraumático". In: GARCIA, J. G. *et al. Trastorno de estrés postraumático*. Barcelona: Masson, 1971, p. 287-99.

BARBA, A. C. *et al. Trastorno de estrés postraumático*. Barcelona: Masson, 2000.

BATESON, G. *et al. Interacción familiar*. Buenos Aires: Tiempo Contemporâneo, 1970.

BECKER, G. *Virtudes do medo*. Rio de Janeiro: Rocco, 1999.

BERGER, W. *et al.* "Equivalência semântica da versão em português da *Posttraumatic stress disorder checklist: civilian version* (PCL-C) para rastreamento do transtorno de estresse pós-traumático". *Revista de Psiquiatria do Rio Grande do Sul*, v. 2, n. 26, p. 167-75, 2004.

BERNIK, V. "Stress: the silent killer". *Cérebro e Mente – Revista Eletrônica de Divulgação Científica em Neurociência*, Campinas, n. 3, set./nov. 1997. Disponível em: <http://www.cerebromente.org.br/n03/doencas/stress.htm>. Acesso em: jul. 2007.

BERQUÓ, A. A. *O seqüestro dia a dia*. Rio de Janeiro: Nova Fronteira, 1997.

BONEY-MCCOY, S.; FINKELHOR, D. "Is youth vitimization related to trauma symptoms and depression after controlling for prior symptoms and family relationships? A longitudinal, prospective study". *Journal of Consulting and Clinical Psychology*, v. 64, n. 6, p. 1406-16, 1996.

BORDON, G.; LEE, H. *A vida negociada*. São Paulo: Arx, 2003.

BORGES, N. *Seqüestros: a liberdade tem preço*. Rio de Janeiro: Quartet, 1997.

BOTEGA, N. J. "Hipócrates doente: os dramas da psicologia médica". *Monitor Psiquiátrico*, v. 3, n. 4, p. 30-31, 1997.

BRANDÃO, F. Trauma e EMDR: o referencial psicanalítico. s/d. Disponível em: <http://www.orgonizando.psc.br/artigos/traumaEMDR.htm>. Acesso em: jul. 2007.

BRASILIANO, A. C. R.; RAPOSO, H. M. *Seqüestro: como se defender*. Rio de Janeiro: Forense, 1997.

BRENNER, C. *Noções básicas de psicanálise*. Rio de Janeiro: Imago, 1975.

CALHOUN, K. S.; RESICK, P. A. "Transtorno do estresse pós-traumático". In: BARLOW, D. H. (org.). *Manual clínico dos transtornos psicológicos*. 2. ed. Porto Alegre: Artmed, 1999, p. 63-118.

CÁRDIA, N. "Violência urbana". *Ciência Hoje*, v. 29, n. 172, p. 8-13, 2001.

COHEN, C.; GOBETTI, G. J. "Questões bioéticas na articulação da saúde com a justiça". In: COHEN, C.; FERRAZ, F. C.; SEGRE, M. (orgs.). *Saúde mental, crime e justiça*. São Paulo: Edusp, 2006, p. 275-284.

COIMBRA, C. M. B. (coord.). *Violência e exclusão social*. Niterói: Editora da UFF, 1999.

CONFERÊNCIA NACIONAL DOS BISPOS DO BRASIL (CNBB). Comunicação pastoral ao povo de Deus. Rio de janeiro, 1976.

COSTA, J. F. *Violência e psicanálise*. Rio de Janeiro: Graal, 2003.

CROCE, D.; CROCE JR., D. *Manual de medicina legal*. 4. ed. São Paulo: Saraiva, 1998.

CROMPTON, S. "Traumatic life events". *Canadian Social Trends – Statistics Canada – Catalogue*, n. 11-008, 2003. Disponível em: <http//www.statcan.ca/english/studies/11-008/feature/star2003068000s1a01.pdf>. Acesso em: jul. 2007.

CUNHA, S. A. *Vítimas de seqüestro: conseqüências psicológicas e o tratamento em terapia comportamental-cognitiva*, 2004. Monografia (pós-graduação *lato sensu* em Terapia Comportamental Cognitiva) – Faculdade de Psicologia, Universidade de São Paulo.

CUSCHNIR, L. *Os bastidores do amor*. Rio de Janeiro: Elsevier, 2004.

D'ABREU, A. A. "O trauma do cotidiano". Apresentado no 44º Congresso Internacional de Psicanálise, Rio de Janeiro, jul. 2005. Disponível em: <http://www.abp.org.br/aloysio_ipa.ppt>. Acesso em: jul. 2007.

DAOUM, A. J. "A participação do ofendido na ação penal pública". In: MARQUES DA SILVA, M. A. *Processo penal e garantias constitucionais*. São Paulo: Quartier Latin, 2006a.

_____. *A vítima no processo penal: ampliação e limites de atuação*, 2006b. Dissertação (Mestrado em Direito) – Faculdade de Direito, Pontifícia Universidade Católica de São Paulo.

DATTILIO, F. M. *et al. Estratégias cognitivo-comportamentais de intervenção em situações de crise*. Porto Alegre: Artmed, 2004.

DEL-BEM, C. M. *et al.* "Confiabilidade da 'entrevista clínica estruturada para o *DSM-IV* – versão clínica' traduzida para o português". *Revista Brasileira de Psiquiatria*, v. 23, n. 3, p. 156-9, 2001.

DUARTE, M. *Guia dos curiosos*. Disponível em: <http://www.guiadoscuriosos.com.br>. Acesso em: jul. 2007.

EL PORTAL DEL SECUESTRO. Disponível em: <http://people.westminstercollege.edu/faculty/davelasco/El%20Portal%20del%20Secuestro.htm>. Acesso em: jul. 2007.

ERICHSEN, F. E. *On railway and other injuries of nervous system*. Londres: Walton & Moberly, 1866.

FAVARO, A. *et al.* "The effects of trauma among kidnap victims in Sardinia, Italy". *Psychological Medicine*, v. 30, n. 4, p. 975-80, 2000.

FERENCZI S. "A psicanálise dos distúrbios mentais da paralisia geral". In: *Obras completas*. São Paulo: Martins Fontes, 1993, v. 4.

_____. "Bandagem psíquica". In: FERENCZI, S. _Diário clínico_. São Paulo: Martins Fontes, 1990.

FERREIRA, A. B. H. _Aurélio: dicionário da língua portuguesa_. Brasília: Positivo, 2004.

FERREIRA-SANTOS, E. "O conceito de foco". In: SEGRE, C. D. _Psicoterapia breve_. São Paulo: Lemos, 1997a, p. 93-104.

_____. _Psicoterapia breve: abordagem sistematizada de situações de crise_. 3. ed. São Paulo: Ágora, 1997b.

_____. _Psicoterapia breve em um enfoque psicodramático_. 1989. Dissertação (Mestrado em Psicologia) – Faculdade de Psicologia, Pontifícia Universidade Católica de São Paulo.

_____. "Psicoterapia integrada". In: NETTO, O. F. L. (org.). _A psicoterapia na instituição psiquiátrica_. São Paulo: Ágora, 1999, p. 11-25.

_____. _Avaliação da magnitude do transtorno de estresse em vítimas de seqüestro_. 2006. Tese (Doutorado em Ciências Médicas). Faculdade de Medicina da Universidade de São Paulo.

FIRST, M. B. _et al._ Entrevista clínica estruturada para o _DSM-IV_: transtornos do eixo I (_SCID – Structured Clinical Interview for DSM-IV_). (Versão 2.0). Washington: American Psychiatric Press, 1997, p. 84.

FIRST, M. B.; FRANCES, A.; PINCUS, H. A. _Manual de diagnóstico diferencial do DSM-IV-TR_. Porto Alegre: Artmed, 2004.

FISHER, L. D.; VAN BELLE, G. _Biostatistics: a methodology for the health sciences_. Nova York: Wiley, 1993.

FONSECA FILHO, J. S. "Tendências para a psicoterapia do terceiro milênio". _Paper_ apresentado no I Simpósio de Psiquiatria Psicodinâmica. São Paulo, 1996.

FORTES, M. _O sentido da vivência traumática e seu impacto na identidade de vítimas de seqüestro_. 2007. Disssertação (Mestrado em Psicologia) – Universidade São Marcos, São Paulo.

FREUD, A. "Comentários sobre o trauma". In: FURST, S. S. _et al. El trauma psíquico_. Buenos Aires: Troquel, 1971.

FREUD, S. "Além do princípio do prazer (1920)". In: _Edição standard das obras psicológicas completas de Sigmund Freud_. Rio de Janeiro: Imago, 1980, v. 18.

_____. "Introdução à psicanálise e as neuroses de guerra". In: _Edição standard das obras psicológicas completas de Sigmund Freud_. Rio de Janeiro: Imago, 1980, v. 17.

FRIDMAN, S. *et al.* "Neuropsicologia e psicometria: vicissitudes clínicas e forenses". In: MORAES, T. (org.). *Ética e psiquiatria forense.* Rio de Janeiro: Ipub-Cuca, 2001.

GARCIA-PABLOS DE MOLINA, A.; GOMES, L. F. *Criminologia.* São Paulo: Revista dos Tribunais, 2002.

GILBERTSON, M. W. *et al.* "Smaller hippocampal volume predicts pathologic vulnerability to psychological trauma". *Nature Neuroscience*, n. 5, p. 1242-7, 2002.

GRASSI-OLIVEIRA, R.; PERGHER, G. K.; STEIN, L. M. "Cicatrizes neurobiológicas do TEPT". In: CAMINHA, R. M. (org.). *Transtornos do estresse pós-traumático (TEPT): da neurobiologia à terapia cognitiva.* São Paulo: Casa do Psicólogo, 2005.

HAMBLEN, J.; GOGUEM, C. "Community violence". National Center for Pos-Traumatic Stress Disorder, Department of Veterans Affairs. Disponível em: <http://www.ncptsd.org>. Acesso em: set. 2002.

HERMAN, J. *Trauma and recovery.* Nova York: Basic Books, 1992.

HOLMES, T. H.; RAHE, R. H. "The social readjustment rating scale". *Journal of Psychosomatic Research*, n. 2, p. 213-8, 1967.

HOROWITZ, M.; WILMER, M.; ALVAREZ, W. "Impact of event scale: a measure of subjetive stress". *Psychosomatic Medicine*, n. 41, p. 209-18, 1979.

HOUAISS, A.; VILLAR, M. S. *Dicionário da língua portuguesa.* Rio de Janeiro: Objetiva, 2001.

HYCNER, R. *De pessoa a pessoa: psicoterapia dialógica.* São Paulo: Summus, 1995.

JACOBSON, G. F. "Crisis – oriented therapy". *The Psychiatric Clinics of North America*, v. 2, n. 1, p. 39-53, 1979.

JANOFF-BULMAN, R. "The benefits of illusions, the threat of disillusionment and the limitations of inaccuracy". *British Journal of Social and Clinic Psychology*, n. 8, p. 158-75, 1989.

JARAMILLO, L. "Duelo en situaciones de violencia". In: CEPEDA, I.; GIRÓN, C. *Duelo, memoria y reparación.* Bogotá: Impresol, 1998. p. 61-69.

JARDIM, S. R. "Ética e saúde mental do trabalhador: a legitimidade de transtorno de estresse pós-traumático relacionado ao trabalho". In: MORAES, T. (org.). *Ética e psiquiatria forense.* Rio de Janeiro: Ipub/Cuca, 2001.

JASPERS, K. *Psicopatologia general.* Buenos Aires: Beta, 1977.

KAMINURA, A. "Linguagem e efetivação dos direitos humanos: o desafio do direito no atendimento interdisciplinar a vítimas de violência". *Revista Urutágua*, Maringá. Disponível em: <http://www.uem. br/urutagua/007/07kamimura.htm>. Acesso em: dez. 2004.

KAPCZINSKI, F.; MARGIS, R. "Transtorno de estresse pós-traumático: critérios diagnósticos". *Revista Brasileira de Psiquiatria*, Porto Alegre, n. 25, supl. 1, p. 3-7, 2003.

KAPLAN, S. J. *Posttraumatic stress disorder in children and adolescent: a clinical overview.* Jacksonville: Medicine to Mental Health, 2002.

KAPLAN, H. I.; SADOCK, B. J.; GREBB, J. A. *Compêndio de psiquiatria: ciência do comportamento e psiquiatria clínica.* 7. ed. Porto Alegre: Artmed, 1997.

KILPATRICK, D. G. *et al.* "Criminal victimization: lifetime prevalence reporting to police, and psychological impact". *Crime e Delinquency*, n. 33, p. 479-89, 1987.

KNAP, P.; CAMINHA, R. M. "Terapia cognitiva do transtorno do estresse pós-traumático". *Revista Brasileira de Psiquiatria*, Porto Alegre, n. 25, supl. 1, p. 31-6, 2003.

KOROL, M.; GREEN, B. L.; GLESER, G. C. "Children's responses to a nuclear waste disaster: PTSD symptoms and outcome prediction". *Journal of the American Academy of Child and Adolescent Psychiatry*, v. 38, n. 4, p. 368-75, 1999.

KRAMER, P. *Ouvindo o Prozac.* Rio de Janeiro: Record, 1994.

LAMPRECHT, F.; SACK, M. "Posttraumatic stress disorder revisited". *Psychosomatic Medicine*, n. 64, p. 222-37, 2002.

LEMGRUBER, V. *Psicoterapia breve: a técnica focal.* Porto Alegre: Artes Médicas, 1984.

_____. *Psicoterapia breve integrada.* Artes Médicas: Porto Alegre, 1997.

LINDEMANN, E. "Symptomology and management of acute grief". *The American Journal of Psychiatry*, n. 101, p. 141-8, 1994.

LIPP, M. N. *Manual do inventário de sintomas de stress para adultos de Lipp (ISSL).* São Paulo: Casa do Psicólogo, 2000.

LÓPEZ IBOR, J. J. *Neurosis de guerra (psicologia de guerra).* Barcelona: Científico Médica, 1942.

LUNDE, D. T. "Teoria eclética e integrada". In: BURTON, A. *Teorias operacionais da personalidade.* Rio de Janeiro: Imago, 1978.

MAGNO, A. B. "Seqüestro é o mais covarde dos crimes". *Correio Braziliense*, Brasília, ago. 2001.

MAIA, L. M. "Vitimologia e direitos humanos". In: II Conferência Internacional de Direitos Humanos da Ordem dos Advogados do Brasil. Terezina, 2003. Disponível em: <http://www.victimology. nl/onlpub/other/vandijk.doc>. Acesso em: set. 2005.

MARCH, J. S. *et al.* "Posttraumatic symptomatology in children and adolescents after an industrial fire in Hamelet, North Carolina". *Journal of the American Academy of Child and Adolescent Psychiatry*, n. 36, p. 1080-8, 1997.

MARKUZ, J. B. *Quem tem medo do seqüestro?* São Paulo: Haganá Segurança, 2004.

MARLET, J. M. "Vitimologia e violência urbana". *Revista Imesc*, v. 1, n. 1, 1998. Disponível em <http://www.imesc.sp.gov.br/rev1i.htm>. Acesso em: jul. 2007.

MARQUES DA SILVA, M. A. *Acesso à justiça penal e estado democrático de direito*. São Paulo: J. de Oliveira, 2001.

MASON, S. F. *História da ciência*. Porto Alegre: Globo, 1957

MCCLOSKEY, L. A. "Posttraumatic stress disorder common in children abused by family members". *Journal of the American Academy of Child and Adolescent Psychiatry*, n. 12, p. 13, 1999.

MCEWEN, S. B. "Mood disorder and allostatic load". *Biological Psychiatry*, v. 30, n. 3 p. 200-7, 2003.

MCLEER, S. V. *et al.* "Psychiatric disorders in sexually abused children". *Journal of the American Academy of Child and Adolescent Psychiatry*, n. 31, p. 875-9, 1994.

MELEIRO, A. M. A. S.; SANTOS, M. C. E. A. "Simulação: um desafio diagnóstico". In: RIGONATTI, S. P. (org.). *Temas em psiquiatria forense e psicologia jurídica I*. São Paulo: Vetor, 2003, p. 211-6.

MELUK, E. *El secuestro, una muerte suspendida, su impacto psicológico.* Bogotá: Uniandes, 1998.

MESHULAM-WEREBE, D.; ANDRADE, M. G. O.; DELOUYA, D. "Transtorno de estresse pós-traumático: o enfoque psicanalítico". *Revista Brasileira de Psiquiatria*, Porto Alegre, n. 25, supl. 1, p. 37-40, 2003.

MESSUTI, A. *O tempo como pena*. São Paulo: Revista dos Tribunais, 2003, p. 73-5.

MIR, L. *Guerra civil: estado e trauma*. São Paulo: Geração, 2004.

MORAES, T. (org.). *Ética e psiquiatria forense*. Rio de Janeiro: Ipub/ Cuca, 2001.

MORAIS, F. *Na toca dos leões*. São Paulo: Planeta, 2005.

MORAIS, L. F. L. *Liberdade e direito: uma reflexão a partir da obra de Goffredo Telles Junior*. Campinas: Copola, 2000.

MORENO, J. L. *Psicoterapia de grupo e psicodrama*. São Paulo: Mestre Jou, 1974.

MORTON, L. T. *A medical bibliography (Garrison and Morton)*. Londres: Grower, 1983.

MUNCK, A.; GUYRE, P. M.; HOLBROOK, N. J. "Psychological functions of glucocorticoids in stress and their relation to pharmacological actions". *Endocrinological Review*, n. 93, p. 9779-83, 1984.

NAGERA, H. *Metapsicologia: conflitos ansiedades e outros temas*. São Paulo: Cultrix, 1981.

NAJARIAN, L. M. *et al*. "Relocation after a disaster: posttraumatic stress disorder in Armenia after the earthquake". *Journal of the American Academy of Child and Adolescent Psychiatry*, v. 35, n. 3, p. 374-83, 1996.

NETER, J. *et al. Applied linear statistical models*. 4. ed. Chicago: Irwin, 1996.

OLIVEIRA, E. *Vitimologia e direito penal: o crime precipitado ou programado pela vítima*. Rio de Janeiro: Forense, 2005.

OPPENHEIM, A. *Die traumatischen Neurosen nach den in der Nervenklinik der Charité in den letzten Jahren gesammelten Beobachtungen*. Berlim: Hirschwald, 1889.

ORWELL, G. *A revolução dos bichos*. Porto Alegre: Globo, 1975.

OTHMER, E.; OTHMER, S. C. *A entrevista clínica usando DSM-III-R*. São Paulo: Manole, 1992

PARKES, C. M. *Luto: estudos sobre a perda na vida adulta*. São Paulo: Summus, 1998.

PEREIRA, M. G.; MONTEIRO-FERREIRA, J. *Stress traumático: aspectos teóricos e intervenção*. Lisboa: Climepsi, 2003.

PHILIPPI, J. N.; FELIPE, S. T. *A violência das mortes por decreto*. Florianópolis: UFSC, 1998.

PIEDADE JUNIOR, H. "Reflexões doutrinárias sobre duas vertentes da vitimologia". In: KOSOSVSKI, E.; PIEDADE JUNIOR, H. (orgs.). *Temas de vitimologia II*. Rio de Janeiro: Lumen Juris, 2001, p. 57-79.

_____. "Reflexões sobre vitimologia e direitos humanos". In: KOSOVISKI, E.; SÉGUIN, E. (orgs.). *Temas de vitimologia*. Rio de Janeiro: Lumen Juris, 2000, p. 1-20.

PINTO, P. A. *Dicionário de termos médicos*. Rio de Janeiro: Científica, 1962.

PITMAN, R. K. "Posttraumatic stress disorder, hormones and memory". *Biological Psychiatry*, n. 26, p. 645-52, 1989.

POCHMANN, M.; AMORIM, R. G. (orgs.). *Atlas da exclusão social no Brasil*. São Paulo: Cortez, 2003a. v. 1.

POCHMANN, M. *et al.* (orgs.). *Atlas da exclusão social no Brasil*, volume 2. São Paulo: Cortez, 2003b. v. 2.

_____. *Atlas da exclusão social – Os ricos no Brasil*. São Paulo: Cortez, 2004. v. 3.

_____. Atlas da exclusão social – *A exclusão no mundo*. São Paulo: Cortez, 2004. v. 4.

_____. *Atlas da exclusão social – Agenda não liberal da inclusão social no Brasil*. São Paulo: Cortez, 2005. v. 5.

PULIDO, B. *El secuestro*. Bogotá: Plaza y Janés, 1988.

PYNOOS, R. S.; NADER, K. "Psychological first aid and treatment approach to children exposed to community violence: research implications". *Journal of Traumatic Stress*, n. 1, p. 445-73, 1988.

QUADROS, V. "Operação condor vermelha". *Revista IstoÉ*, 2002.

RAMOS, R. T. "As bases biológicas do transtorno do estresse pós-traumático". In: VIEIRA NETO, O.; VIEIRA, C. M. S. (orgs.). *Transtorno do estresse pós-traumático*. São Paulo: Vetor, 2005, p. 77-85.

RANGÉ, B. (org.). *Psicoterapias cognitivo-comportamentais*. Porto Alegre: Artmed, 2001.

REINHERZ, H. Z. *et al.* "Traumas and PTSD in a community population of older adolescents". *Journal of the American Academy of Child and Adolescent Psychiatry*, n. 34, p. 1369-80, 1995.

REIS, I. C. S. *Seqüestro e stress*. São Paulo: Eduna, 1997.

RESNICK, H. *et al.* "Prevalence of civilian trauma and posttraumatic stress disorder in a representative national sample of women". *Journal of Consulting and Clinical Psychology*, n. 61, p. 984-91, 1993.

REVISTA ÉPOCA. "A violência no divã". n. 354, 26 fev. 2005.

RIAÑO, J. R. L. *Seguridad ciudadana en las nuevas dinámicas de seguridad y defensa*. 2005. Dissertação – Colégio Interamericano de Defesa, Washington.

RIGONATTI, S. P. (org.). *Temas em psiquiatria forense e psicologia jurídica*. São Paulo: Vetor, 2003. v. 1.

EDUARDO FERREIRA-SANTOS

_____. (org.). *Temas em psiquiatria forense e psicologia jurídica*. São Paulo: Vetor, 2006. v. 2.

ROSO, M. C. "Escalas de avaliação de transtorno do estresse pós-traumático". *Revista de Psiquiatria Clínica*, v. 25, n. 6, edição especial, p. 320-5, 1998.

ROTHBAUM, B. O. *et al.* "A prospective examination of post-traumatic stress disorder in rape victims". *Journal of Traumatic Stress*, n. 5, p. 455-76, 1992.

SACK, W. H.; CLARKE, G. N.; SEELEY, J. "Posttraumatic stress disorder across two generation of cambodian refugees". *Journal of the American Academy of Child and Adolescent Psychiatry*, n. 34, p. 1160-6, 1995.

SANTOS, B. S. *Um discurso sobre as ciências*. 8. ed. Porto: Afrontamento, 1996.

SANTOS, W. *Manual anti-seqüestro e assalto*. Curitiba: Juruá, 2004.

SAVIN, D.; SHALOM, R. "Holocaust survivors and survivors of the cambodian tragedy: similarities and differences". *Echos of the Holocaust*, n. 5, jul. 1997. Disponível em: <http://www.holocaustechoes.com/>. Acesso em: jul. 2007.

SAVOIA, M. G. "Escalas de eventos vitais e de estratégias de enfrentamento (Coping)". *Revista de Psiquiatria Clínica*, v. 26, n. 2, edição especial, 1999.

SCHESTATSKY, S. *et al.* "A evolução histórica do conceito de estresse pós-traumático". *Revista Brasileira de Psiquiatria*, São Paulo, jun. 2003. Disponível em: <http://www.scielo.br/scielo.php?script=sci_arttext&pid=S1516-44462003000500003&lng=en&nrm=iso>. Acesso em: jul. 2007.

SCHIRALDI, G. R. *The pos-traumatic stress disorder: sourcebook*. Los Angeles: Lowell House, 1999.

SCHOTT, H. *Cronica de la medicina*. Barcelona: Plaza & Janés, 1993.

SELYE, H. *The stress of life*. Nova York: McGraw-Hill, 1976.

SHAPIRO, F. *EMDR – Dessensibilização e reprocessamento através dos movimentos oculares*. Rio de Janeiro: Nova Temática, 2001.

SHAW, J. A.; APPLEGATE, B.; TANNER, S. "Psychological effects of Hurricane Andrew on an elementary school population". *Journal of the American Academy of Child and Adolescent Psychiatry*, n. 34, p. 1185-92, 1995.

TRANSTORNO DE ESTRESSE PÓS-TRAUMÁTICO EM VÍTIMAS DE SEQÜESTRO

SHEPHARD, B. *A war of nerves: soldiers and psychiatrists in the twentieth century.* Cambridge: Harvard University Press, 2001.

SIMON, R. I. *Posttraumatic stress disorder in litigation.* Washington: American Psychiatric Press, 1995, p. 31-84.

SIRKIS, A. *Os carbonários.* Rio de Janeiro: Record, 1998.

SIRVINSKAS, L. P. "Violência e direitos humanos". Disponível em: <http://www.apmp.com.br/juridico/artigos/docs/2002/01-29_luispaulosirvinskas.doc>. Acesso em: out. 2003.

SOUSA, J. P. G.; GARCIA, C. L.; CARVALHO, J. F. T. *Dicionário de política.* São Paulo: TA Queiroz, 1998.

SOUZA, W. M. *Como se comportar enquanto refém.* São Paulo: Ícone, 1996.

_____. *Radiografia do seqüestro.* São Paulo: Ícone, 1993.

SPEED, L. "Post-traumatic stress disorder". In: Seminário de Psicologia de Emergência. Bolzano, 1999.

TABORDA, J. G. V.; CHALUB, M.; ABDALA-FILHO, E. *Psiquiatria forense.* Porto Alegre: Artmed, 2004.

TERR, L. "Chowchilla revisited: the effects of psychic trauma four years after a school-bus kidnapping". *American Journal of Psychiatry,* n. 140, p. 1543-50, 1983.

_____. "Psychic trauma in children: observations following the chowchilla school-bus kidnapping". *American Journal of Psychiatry,* n. 138, p. 14-9, 1981.

TINELLO, M. R. *Posicionamento para evitar o seqüestro.* São Paulo: Roca, 2003.

TRUJILLO, N.; VENCE, M. *El duelo en el secuestro.* 1993. Universidad de Los Andes, Bogotá, Colômbia.

VIEIRA NETO, O.; SODRÉ, C. M. V. *Transtorno de estresse pós-traumático: uma neurose de guerra em tempos de paz.* São Paulo: Vetor, 2005.

VIORST, J. *Perdas necessárias.* São Paulo: Melhoramentos, 1988.

WAISELFISZ, J. *Mapa da violência III.* São Paulo: Unesco, 2002.

WEIME, S. M. *et al.* "PTSD symptoms in Bosnian refugees one year after resettlement in the United States". *American Journal of Psychiatric,* n. 155, p. 562-4, 1988.

WHITE, J. R.; FREEMAN, A. S. *Terapia cognitivo-comportamental em grupo para populações e problemas específicos.* São Paulo: Roca, 2003.

YEHUDA, R. "Biology of posttraumatic stress disorder". *American Journal of Psychology,* n. 44, supl. 7, p. 14-21, 2000.

ENDEREÇO DO AUTOR PARA CORRESPONDÊNCIA

Serviço de Psicoterapia do Instituto de Psiquiatria do Hospital das Clínicas da Faculdade de Medicina da Universidade de São Paulo

Rua Ovídio Pires de Campos, 785 – Cerqueira César
São Paulo – SP – Brasil
CEP: 01060-970

e-mail: efsantos@hcnet.usp.br
edusantos@usp.br

site: www.ferreira-santos.med.br

— — — — — — — — — — dobre aqui — — — — — — — — — — — —

Carta-resposta
2146/83/DR/SPM
Summus Editorial Ltda.
CORREIOS

CARTA-RESPOSTA
NÃO É NECESSÁRIO SELAR

O SELO SERÁ PAGO POR

AC AVENIDA DUQUE DE CAXIAS
01214-999 São Paulo/SP

— — — — — — — — — — dobre aqui — — — — — — — — — — — —

CADASTRO PARA MALA-DIRETA

Recorte ou reproduza esta ficha de cadastro, envie completamente preenchida por correio ou fax, e receba informações atualizadas sobre nossos livros.

Nome: _____ Empresa: _____

Endereço: ☐ Res. ☐ Coml. _____ Bairro: _____

CEP: _____ - _____ Cidade: _____ Estado: _____ Tel.: ( ) _____

Fax: ( ) _____ E-mail: _____ Data de nascimento: _____

Profissão: _____ Professor? ☐ Sim ☐ Não Disciplina: _____

Grupo étnico principal: _____

1. Você compra livros:
☐ Livrarias ☐ Feiras
☐ Telefone ☐ Correios
☐ Internet ☐ Outros. Especificar: _____

2. Onde você comprou este livro? _____

3. Você busca informações para adquirir livros:
☐ Jornais ☐ Amigos
☐ Revistas ☐ Internet
☐ Professores ☐ Outros. Especificar: _____

4. Áreas de interesse:
☐ Educação ☐ Administração, RH
☐ Psicologia ☐ Comunicação
☐ Corpo, Movimento, Saúde ☐ Literatura, Poesia, Ensaios
☐ Comportamento ☐ Viagens, Hobby, Lazer
☐ PNL (Programação Neurolongüística)

5. Nestas áreas, alguma sugestão para novos títulos? _____

6. Gostaria de receber o catálogo da editora? ☐ Sim ☐ Não

7. Gostaria de receber Informativo Summus? ☐ Sim ☐ Não

Indique um amigo que gostaria de receber a nossa mala-direta

Nome: _____ Empresa: _____

Endereço: ☐ Res. ☐ Coml. _____ Bairro: _____

CEP: _____ - _____ Cidade: _____ Estado: _____ Tel.: ( ) _____

Fax: ( ) _____ E-mail: _____ Data de nascimento: _____

Profissão: _____ Professor? ☐ Sim ☐ Não Disciplina: _____

Summus Editorial
Rua Itapicuru, 613 7° andar 05006-000 São Paulo - SP Brasil Tel.: (11) 3872-3322 Fax: (11) 3872-7476
Internet: http://www.summus.com.br e-mail: summus@summus.com.br